Bibliothèque de Philosophie scientifique

FÉLIX LE DANTEC
Chargé de cours
à la Faculté des Sciences de l'Université de Paris

SAVOIR

Il y a une Vérité que l'on trouve par la méthode scientifique ; en dehors de cette Vérité, tout ce qu'on appelle ainsi n'est que verbiage ou convention.

Considérations
sur la Méthode scientifique
la guerre et la morale

PARIS
ERNEST FLAMMARION, ÉDITEUR
26, RUE RACINE, 26

Neuvième mille.

Bibliothèque de Philosophie scientifique
DIRIGÉE PAR LE Dr GUSTAVE LE BON

1° SCIENCES PHYSIQUES ET NATURELLES

BACHELIER (Louis), Docteur ès sciences. Le Jeu, la Chance et le Hasard (4e mille).

BELLET (Daniel), prof. à l'École des Sciences politiques. L'Évolution de l'Industrie.

BERGET (A.), professeur à l'Institut océanographique. La Vie et la Mort du Globe (7e a.).

BERGET (A.). Les problèmes de l'Atmosphère (27 figures).

BERTIN (L.-E.), de l'Institut. La Marine moderne (66 figures) (5e mille).

BIGOURDAN, de l'Institut. L'Astronomie (50 figures) (6e mille).

BLARINGHEM (L.). Les Transformations brusques des êtres vivants (49 figures). (5e mille).

BOINET (Dr), prof. de Clinique médicale. Les Doctrines médicales (6e mille).

BONNIER (Gaston), de l'Institut. Le Monde végétal (230 figures) (10e mille).

BONNIER (Dr Pierre), Défense organique et Centres nerveux.

BOUTY (E.), de l'Institut. La Vérité scientifique, sa poursuite (5e mille).

BRUNHES (B.), professeur de physique. La Dégradation de l'Énergie (8e mille).

BURNET (Dr Etienne), de l'Institut Pasteur. Microbes et Toxines (71 fig.) (6e mille).

CAULLERY (Maurice), professeur à la Sorbonne. Les Problèmes de la Sexualité (4e m.).

COLSON (Albert), professeur à l'École Polytechnique. L'Essor de la Chimie (5e m.).

COMBARIEU (J.), chargé de cours au collège de France. La Musique (12e mille).

DASTRE (Dr A.), de l'Institut, professeur à la Sorbonne. La Vie et la Mort (14e mille).

DELAGE (Y.), de l'Institut et GOLDSMITH (M.) Les Théories de l'Évolution (7e mille).

DELAGE (Y.), de l'Institut et GOLDSMITH (M.). La Parthénogénèse.

DELBET (P.), professeur à la Fté de Médecine Paris. La Science et la Réalité (3e m.).

DÉPÉRET (C.), de l'Institut. Les Transformations du Monde animal (7e mille).

ENRIQUES (F.). Les Concepts fondamentaux de la Science.

GRASSET (Dr). La Biologie humaine (5e s.).

HUART (Dr) Les Parasites inoculateurs de maladies (107 figures) (5e mille).

HÉRICOURT (Dr J.). Les Frontières de la Maladie (9e mille).

HÉRICOURT (Dr J.). L'Hygiène moderne (12e mille).

HOUSSAY (F.), professeur à la Sorbonne. Nature et Sciences naturelles (7e mille).

JOUBIN (Dr L.), professeur au Muséum. La Vie dans les Océans (45 figures) (6e mille).

LAUNAY (L. de), de l'Institut. L'Histoire de la Terre (12e mille).

LAUNAY (L. de), de l'Institut. La Conquête minérale (5e mille).

LE BON (Dr Gustave). L'Évolution de la Matière, avec 63 figures (30e mille).

LE BON (Dr Gustave). L'Évolution des Forces (42 figures) (19e mille).

LECLERC DU SABLON (M.). Les Incertitudes de la Biologie (24 figures) (4e mille).

LE DANTEC (F.). Les Influences Ancestrales (13e mille).

LE DANTEC (F.). La Lutte universelle (10e a.)

LE DANTEC (F.). De l'Homme à la Science (8e mille).

MARTEL, directeur de La Nature. L'Évolution souterraine (80 figures) (6e mille).

MEUNIER (S.), professeur au Muséum. Les Convulsions de la Terre (35 fig.) (5e m.).

MEUNIER (S.), professeur au Muséum. Histoire géologique de la Mer.

OSTWALD (W.). L'Évolution d'une Science, la Chimie (8e mille).

PERRIER (Edm.), memb. de l'Institut, direct. du Muséum. A Travers le Monde vivant (3e a.)

PICARD (Émile), de l'Institut, professeur à la Sorbonne. La Science moderne (12e mille).

POINCARÉ (H.), de l'Institut, prof. à la Sorbonne. La Science et l'Hypothèse (23e mille).

POINCARÉ (H.). La Valeur de la Science (22e mille).

POINCARÉ (H.). Science et Méthode (14e a.)

POINCARÉ (H.). Dernières Pensées (10e m.).

POINCARÉ (Lucien), dr au Mre de l'Instruction publique. La Physique moderne (16e m.).

POINCARÉ (Lucien). L'Électricité (12e mille).

RENARD (Ct). L'Aéronautique (68 figures) (6e mille).

RENARD (Ct). Le Vol mécanique. Les Aéroplanes (121 figures).

ZOLLA (Daniel), professeur à l'École de Grignon. L'Agriculture moderne (4e m.).

PSYCHOLOGIE, PHILOSOPHIE ET HISTOIRE
Voir la liste des ouvrages parus pages 2 et 3 de la couverture.

Bibliothèque de Philosophie scientifique *(suite)*

2° HISTOIRE

ALEXINSKY (Grégoire), ancien député à la Douma. **La Russie moderne** (8ᵉ mille).

ALEXINSKY (Grég.). **La Russie et l'Europe** (5ᵉ mille).

AURIAC (Jules d'). **La Nationalité française, sa formation.**

AVENEL (Vicomte Georges d'). **Découvertes d'Histoire sociale** (6ᵉ mille).

BIOTTOT (Colonel). **Les Grands Inspirés devant la Science. Jeanne d'Arc.**

BLOCH (G.), professeur à la Sorbonne. **La République romaine.**

BORGHÈSE (Prince G.). **L'Italie moderne** (4ᵉ mille).

BOUCHÉ-LECLERCQ (A.), de l'Institut. **L'Intolérance religieuse et la politique** (3ᵉ m.).

BRUYSSEL (E. van), consul général de Belgique. **La Vie sociale** (6ᵉ mille).

CAZAMIAN (Louis), mᵉ de Conférences à la Sorbonne. **L'Angleterre moderne** (6ᵉ m.)

CAZAMIAN (Louis). **La Grande-Bretagne et la guerre.**

CHARRIAUT. **La Belgique moderne** (7ᵉ m.).

CHARRIAUT (Henri) et M.-L. AMICI-GROSSI. **L'Italie en guerre.**

COLIN (J.), Lt-Colonel. **Les Transformations de la Guerre** (6ᵉ mille).

COLIN (J.) Lt-Colonel. **Les Grandes Batailles de l'Histoire.** De l'antiquité à 1913. (6ᵉ m.)

CROISET (A.), membre de l'Institut. **Les Démocraties antiques** (8ᵉ mille).

DIEHL (Charles), membre de l'Institut. **Une République patricienne. Venise** (5ᵉ m.)

GARCIA-CALDERON (F.). **Les Démocraties latines de l'Amérique** (5ᵉ mille).

GENNEP. **Formation des Légendes** (3ᵉ m.)

HARMAND (J.), ambassadeur. **Domination et Colonisation.**

HILL, ancien ambassadeur. **L'État moderne.**

LE BON (Dʳ Gustave). **La Révolution Française et la Psychologie des Révolutions** (11ᵉ mille).

LEGER (Louis), membre de l'Institut. **Le Panslavisme et l'Intérêt français.**

LICHTENBERGER (H.), professeur adjoint à la Sorbonne. **L'Allemagne moderne** (13ᵉ m.).

LICHTENBERGER (H.) et Paul PETIT. **L'Impérialisme économique allemand.**

LUCHAIRE (J.) Dʳ de l'Institut de Florence. **Les Démocraties italiennes.**

MEYNIER (Commandant O.), pʳ à l'École militaire de Saint-Cyr. **L'Afrique noire** (5ᵉ mille).

MICHELS (Robert). Professeur à l'Université de Turin. **Les Partis Politiques.**

MUZET (A.). **Le Monde balkanique** (5ᵉ m.).

NAUDEAU (Ludovic). **Le Japon moderne, son Évolution** (10ᵉ mille).

OLLIVIER (E.), de l'Académie française. **Philosophie d'une Guerre** (1870) (6ᵉ mille).

OSTWALD (W.), professeur à l'Université de Leipzig. **Les Grands Hommes.**

PIRENNE (H.), Prof. à l'Université de Gand. **Les Démocraties des Pays-Bas** (4ᵉ m.).

ROZ (Firmin). **L'Énergie américaine** (8ᵉ m.).

SAVOIR !

OUVRAGES DU MÊME AUTEUR

DANS LA BIBLIOTHÈQUE DE PHILOSOPHIE SCIENTIFIQUE
Collection in-18 jésus à 3 fr. 50 le volume

Les Influences ancestrales (12ᵉ mille)	1 volume
La Lutte Universelle (10ᵉ mille)	1 —
De l'Homme à la Science (8ᵉ mille)	1 —
L'Athéisme (14ᵉ mille)	1 —
Science et Conscience (8ᵉ mille)	1 —
La Science de la Vie (6ᵉ mille)	1 —
L'Égoïsme base de toute société (9ᵉ mille) . . .	1 —

Bibliothèque de Philosophie scientifique

FÉLIX LE DANTEC
Chargé de cours à la Faculté des Sciences de l'Université de Paris

SAVOIR !

Il y a une Vérité que l'on trouve par la méthode scientifique ; en dehors de cette Vérité, tout ce qu'on appelle ainsi n'est que verbiage ou convention.

Considérations
sur la Méthode scientifique
la guerre et la morale

PARIS
ERNEST FLAMMARION, ÉDITEUR
26, RUE RACINE, 26

1918

Tous droits de traduction, d'adaptation et de reproduction réservés pour tous les pays.

Droits de traduction et de reproduction réservés
pour tous les pays.
Copyright 1917,
by Ernest Flammarion.

DÉDICACE

L'hypocrisie est décidément la première des vertus sociales ; c'est peut-être la seule !

A qui dédier ce livre ? Personne, sans doute, ne serait flatté de voir son nom à côté du mien en tête d'un ouvrage dans lequel, sous l'égide de la pure et saine méthode scientifique, je me suis permis de dire tout haut ce que beaucoup, peut-être, se sont dit tout bas, sans oser le confier à leurs amis les plus chers. L'hypocrisie règne en maîtresse souveraine dans l'Univers ; la science ne sera bienvenue que si elle a la pudeur de voiler, sous des apparences de politesse mondaine, la merveille de sa nudité resplendissante. Les découvertes scientifiques contredisent les principes (??) sur lesquels la société humaine repose depuis des siècles, et que la guerre actuelle a réduits à néant, en montrant que, dans les grandes occasions, tout le monde s'incline devant le droit du plus fort. Mais la guerre ne durera qu'un temps, et l'hypocrisie reprendra possession de son trône souverain. Il faut donc que la science prenne le parti de ne pas faire remarquer que ses conquêtes font écrouler l'édi-

fice caduc des conventions sociales Si elle ne le fait pas remarquer, on ne s'en apercevra pas ! Il n'y a pire sourd que celui qui ne veut pas entendre.

Je montre précisément, dans ce livre, ce que l'hypocrisie défend de faire voir, une contradiction flagrante entre des vérités scientifiques indiscutables et les « immortels principes » au nom desquels une société sans entrailles a fait tant de malheureux et de déshérités.

A qui dédier mon ouvrage ?

On n'écrit pas pour soi tout seul ; et cependant je dois avouer que, quand j'ai écrit ce livre, je me suis parlé à moi-même, comme à l'unique auditeur qui fût capable de ne pas m'interrompre avec indignation « pour des raisons de sentiment ». Mais je connais trop les lois biologiques pour croire que je sois absolument seul de mon espèce, puisque, malgré mes idées subversives (?) j'appartiens à la famille humaine, par mon hérédité, par mes goûts, par mes aspirations ! Il y a donc sûrement un être qui me ressemble, et qui aime par-dessus tout la clarté et la vérité. C'est à ce frère intellectuel que je dédie mon livre.

Déjà, en 1911, j'avais exprimé, dans l'Égoïsme, bien des vérités indiscutables que les hommes ne veulent pas voir. Ce livre m'a valu des bordées d'injures ; je dois avouer, cependant, que, depuis le commencement de la grande guerre, des gens qui m'avaient honni jadis ont déclaré que j'ai peut-être raison ! Aussi, je ne désespère pas de trouver, parmi *les millions d'êtres humains qui assistent aujourd'hui à l'effondrement de la morale, celui qui acceptera de me suivre jusqu'au bout dans mes considérations scientifiques.*

FÉLIX LE DANTEC.

Paris, le 11 novembre 1916.

PRÉFACE

> Cette guerre n'aura même pas servi à éclairer les questions sociales ; on l'oubliera quand on voudra, pour revenir aux croyances commodes qu'elle a momentanément détruites pour les clairvoyants.

Il faut profiter de l'état d'esprit dans lequel se trouvent les hommes pendant cette horrible guerre, pour essayer de leur faire toucher du doigt des vérités scientifiques, que la plupart *ne veulent pas ordinairement reconnaître*, mais qui s'imposent aujourd'hui à tous les esprits clairvoyants ; il faut bien se dire, d'ailleurs, que, quand la guerre sera finie, on reviendra immédiatement aux anciennes erreurs, chères à la multitude. Aujourd'hui, on voit bien que, dans les affaires importantes, la force et l'intérêt passent avant tout ; les considérations sur le bien et le mal, sur le devoir et le droit sont encore une pâture quotidienne pour les faibles que la vérité effraie ; mais ce ne sont pas ces faibles qui décident du sort des batailles et préparent l'avenir de l'Europe. Après la paix, les forts feront semblant de raisonner comme eux, parce qu'il est de l'intérêt de tous que l'on croie à la valeur absolue de certains principes dont tous tirent profit, surtout ceux qui n'y croient qu'en apparence, et qui dupent les gens sincères.

Le rôle du mensonge dans la guerre actuelle, aura d'ailleurs été tellement évident qu'il serait odieux d'insister sur cette affaire. Il se trouve que, d'après les prévisions les plus vraisemblables, les menteurs seront bafoués, parce qu'ils seront vaincus (une fois n'est pas coutume), mais il n'en restera pas moins que notre histoire européenne aura illustré d'une manière imprévue, cette parole terrible de Talleyrand : « La parole a été donnée à l'homme pour déguiser sa pensée ».

Et cependant, des hommes honnêtes et aimables, reprendront, après le cataclysme, les habitudes traditionnelles auxquelles nos pères ont été amenés par la croyance à la valeur *absolue* des conventions sociales de nos ancêtres. Ce qui me désole le plus, dans cette guerre qui aura ruiné l'Europe pour longtemps, et qui aura fait massacrer des millions et des millions de beaux jeunes gens dont quelques-uns eussent été sans doute des grands hommes, c'est que, en dehors de quelques répartitions nouvelles de territoires (répartitions peut-être éphémères), en dehors de la démonstration, peut-être éphémère elle aussi, du fait qu'une guerre européenne est une horreur sans nom, le massacre qui aura mis toutes les familles en deuil n'aura sans doute servi à rien? Il y aura eu d'innombrables actes d héroïsme, et l'histoire de l'antiquité ne nous apprendra plus rien qui mérite d'être enseigné, mais l'héroïsme est le résultat d'un état momentané, et ne laisse pas de traces durables dans la mentalité des hommes. Ce que je sais des lois biologiques m'amène à considérer l'évolution humaine comme infiniment lente, quelles que soient les circonstances traversées par les générations. L'humanité sortira de cette guerre de quelques années, absolument identique à ce qu'elle était en la commençant; on reprendra les vieilles traditions, les vieilles croyances à des choses *que l'on sait fausses* et au nom desquelles on fait plus de mal que de bien. Et, dans quelques années, nous en serons revenus à nos anciens errements, et à nos luttes intestines entretenues par des principes notoirement contraires à la vérité.

La seule révolution qui pourrait amener dans la vie sociale des changements durables de quelque valeur, serait celle qui résulterait de l'orientation des mentalités humaines vers la *Vérité*. Car il y a une *Vérité* avec un grand V, celle à laquelle on arrive par la méthode scientifique: on y arrive malheureusement par des chemins difficiles et capables de rebuter ceux qui n'ont pas le feu sacré. Les autres croyances que l'on décore du nom de Vérité sont de pures erreurs que nous aimons et que nous jugeons respectables parce qu'elles datent de longtemps. Et, précisément, la guerre actuelle a ouvert les yeux des moins intelligents sur la vraie valeur des *principes* au nom desquels les hommes s'entretuent depuis des siècles. Malheureusement, je le répète, dès que la guerre sera finie, nous reviendrons très vite à nos anciennes croyances, et nous oublierons les leçons du terrible cataclysme qui a dénoncé, je le montrerai plus loin, la *faillite de la morale!*

Peut-être obtiendrait-on quelque chose de plus durable en enseignant aux hommes la Vérité scientifique, par la méthode scientifique. Cet enseignement est long et ingrat. Mais il y a cependant des vérités scientifiques établies aujourd'hui d'une manière indiscutable, et qui peuvent servir à démontrer, sans d'ailleurs les remplacer par rien, que les principes sur lesquels repose la conduite ordinaire des hommes *sont tous faux.* Ces vérités, on peut y arriver sans trop d'efforts. La conservation de l'énergie, établie désormais comme une vérité rationnelle (1) *et qui a, par conséquent, la valeur d'un théorème de géométrie,* réduit à la condition de pures fables, toutes les belles histoires que nous racontent à l'envi les philosophes au sujet de la liberté et de la responsabilité humaines, du mérite et du châtiment.

Naturellement, comme nous aimons toutes ces vieilles croyances, nous nous révoltons devant ces vérités indiscutables et devant l'effondrement des chimères sur lesquels l'humanité vit depuis si longtemps. Mais, si l'on arrive à montrer (et j'essaierai de faire cette démonstration ici), que, en particulier, *des désastres comme la guerre actuelle, sont une con-*

---

1. Voir plus bas p. 184 et 198.

séquence de ces erreurs *transmises de génération en génération*, peut-être ceux que la démonstration aura convaincus, arriveront-ils à secouer plus aisément le joug des traditions aimées.

Je ne suis pas différent des autres hommes à ce point de vue. Mon hérédité et mon éducation me font aimer les choses simples et contraires à l'évidence, que mes pères ont aimées avant moi, et que, dans mon enfance, on m'a appris à aimer. Seulement, je suis esclave de la méthode scientifique, et je crois à ce qu'elle enseigne. J'y crois, parce qu'il n'est pas permis à un homme raisonnable de n'y pas croire. Et dans une circonstance quelconque de la vie, après avoir été d'abord entraîné par mon premier mouvement héréditaire, j'arrive douloureusement à me ressaisir en pensant aux vérités de la physique.

Il y a, d'ailleurs, dans mon passé, une particularité qui me permet de me ressaisir plus aisément, c'est que j'ai appris la biologie par la méthode des sciences exactes. Et ainsi, alors que les hommes qui connaissent la généralité du principe de la conservation de l'énergie, sont simplement amenés à nier, sans aucune hésitation, la valeur des croyances humaines, j'ai fait un pas de plus dans cette voie, et je suis arrivé à me réconforter puissamment en comprenant pourquoi et comment sont nées chez les hommes, au cours de l'évolution historique qui les a faits ce qu'ils sont, les erreurs dont ils font aujourd'hui la base même de leur vie sociale. Ce n'est pas tout de savoir qu'on se trompe, il faut savoir, en outre, pourquoi et comment il se fait qu'on se trompe, surtout quand l'erreur est universelle.

J'ai donc consacré toute ma vie intellectuelle à l'étude physique des phénomènes vitaux, et j'ai été payé de mon labeur.

Dans mes livres antérieurs, j'ai entrepris de montrer aux hommes (et je crois y être arrivé), que l'on peut parler scientifiquement de la vie, de *toute* la vie. Plusieurs penseurs s'étaient efforcés déjà, à diverses époques, de bannir le mystère des conceptions humaines, mais ils n'avaient à leur disposition, ni les conquêtes merveilleuses de la physique du xixe siècle, ni les connaissances acquises par le microscope sur les êtres de petite dimension, et ils ont seulement réussi à montrer qu'ils avaient compris la vanité des narrations spiritualistes. D'autres, comme Claude Bernard, pour ne citer que le plus illustre, ont décomposé artificiellement le problème vital en plusieurs problèmes *absolument inséparables les uns des autres;* puis, à la grande joie du vulgaire épris des explications enfantines que l'on apprend en naissant, ces savants ont affirmé que, si la Science a droit de cité dans la physiologie, étude des fonctionnements, elle est désarmée devant la formation même des mécanismes vivants dans la *création* desquels le mysticisme, cher aux ignorants, peut trouver un dernier refuge. Claude Bernard a-t-il dit cela pour plaire au public et pour sauver ainsi ce que ses conceptions physiologiques pouvaient avoir de trop hardi aux yeux des amis de la tradition ? En tout cas, il a singulièrement amoindri son œuvre par cette concession, car il a méconnu la plus importante des lois de la vie, je dirais peut-être la seule loi vitale, la seule par laquelle l'être vivant se distingue du corps brut, la construction de l'organisme par son fonctionnement de chaque instant, l'édification de la vie par la vie ?

Par un hasard dont je ne suis pas responsable, et dont je n'ai, en conséquence, ni à me disculper, ni à m'enorgueillir, j'ai toujours été réfractaire aux explications spiritualistes ; j'ai été sans doute un enfant très précoce, mais ma mémoire prodigieuse suffirait à expliquer les succès scolaires dont mes parents tiraient vanité. Cependant, aussi loin que remontent mes souvenirs (je ne pourrais pas dire exactement à quel âge cela a commencé), j'écoutais les histoires de la Genèse avec le même esprit que les contes de ma mère *l'Oie*. L'esprit de Dieu qui se mouvait sur les eaux me paraissait du même ordre que les coups de baguette de la fée Carabosse. Je ne croyais pas plus aux démiurges qu'aux sorciers. Mais j'entendais toujours toutes ces histoires merveilleuses avec plaisir, convaincu que les grandes personnes les ont inventées pour amuser les petits enfants, parce que les petits enfants ne sont pas encore assez intelligents pour comprendre la vérité.

Plus tard, quand j'ai fait des études sérieuses (je veux dire des études scientifiques, car les études littéraires que j'ai trouvées fort agréables sont plus aptes à développer le mysticisme qu'à le détruire), plus tard, dis-je, j'ai bien connu que mon bon sens d'enfant ne m'avait pas trompé ; à vrai dire, ce n'est pas pour calmer la curiosité des enfants, que des êtres plus intelligents ont inventé les explications animistes et spiritualistes, c'est pour apaiser leur propre curiosité, que des peuples enfants, incapables de se hausser à une conception plus raisonnable, ont calqué les explications des faits incompréhensibles sur le modèle mécanique dont le moteur, le vent, leur paraissait le plus insaisissable et le plus mystérieux. Le mot *âme* et le mot *esprit* viennent des deux vocables qui veulent dire *vent* en grec et en latin. Ceci, tout le monde le sait ; tout le monde sait aussi que le vent est un phénomène matériel que la physique connaît bien.

Et cependant, j'ai eu la stupéfaction, en grandissant, de voir que les hommes prennent au sérieux leurs explications par ces agents immatériels que l'on appelle âme et esprit! C'est si commode, des mots qui expliquent tout! On oublie leur origine grossière parce qu'on *veut* s'en servir pour éviter de chercher.

Pourquoi telle chose se passe-t-elle ? Parce qu'il y a un agent immatériel et insaisissable qui a précisément le pouvoir que cette chose ait lieu.

Voilà le résumé de toute la science spiritualiste!

Avec cela, il n'y a plus aucune curiosité, aucune explication ; tout est parfaitement clair, et l'on dort tranquille.

J'ai compris de très bonne heure la nullité des narrations spiritualistes : j'ai deviné plus aisément encore, quand je suis devenu adulte, l'origine historique de ces narrations enfantines ; mais aujourd'hui, à quarante-sept ans, je reste toujours dans un état de véritable stupeur en constatant que tous mes congénères dits cultivés et instruits se paient sans hésiter de ces billevesées ! Cela durera sans doute tant qu'il y aura des hommes. On est savant à si bon marché !

Naturellement, quand j'ai été initié à la méthode scientifique, j'ai éprouvé de grandes joies ; j'ai eu la chance d'y être initié de bonne heure, et d'y être initié par des maîtres éminents. J'ai compris tout de suite qu'il y a là vraiment des explications, et des explications fécondes qui se traduisent par la possibilité de canaliser les phénomènes naturels et de les imiter pour les mettre au service de l'homme. Tout de suite aussi, je me suis dit que la méthode scientifique doit conduire à *tout;* j'étais convaincu même qu'elle y était déjà arrivée (j'étais très jeune ; je suis sorti de l'École normale supérieure à dix-neuf ans) ; je m'imaginais que mes maîtres allaient m'enseigner, par la méthode scientifique, tous les phénomènes de la vie. C'est parce qu'ils m'ont laissé en route que j'ai continué dans la voie de la biologie. Et j'ai continué avec la certitude absolue que l'on peut aller *jusqu'au bout* avec la même méthode que dans les sciences physiques ; j'avais cette certitude parce qu'aucun doute n'existait chez moi au sujet de la nullité des interprétations spiritualistes ; et je suis devenu de plus en plus sûr, de plus en plus ferme dans mes convictions scientifiques, à mesure que je parcourais le chemin que je m'étais tracé.

Chose curieuse, et qui, d'ailleurs, ne m'a pas ébranlé, j'ai eu tout le monde contre moi : « On ne peut pas étudier scientifiquement tout ; il y a des domaines qui sont inaccessibles à l'investigation scientifique ! » Pourquoi ? parce que nos ancêtres ignorants ont calqué sur le vent invisible le modèle d'une âme immatérielle et d'un esprit créateur ! Or, cette âme et cet esprit, je ne les rencontrerai pas, j'en suis sûr, dans mes recherches biologiques. Je ne les rencontrerai pas, puisqu'il n'existent pas ; mais je verrai bien que l'on peut tout expliquer sans les faire intervenir ; et je n'aurai rien à démolir des vieilles croyances, parce qu'elles ne signifient rien. « Donc, me dira-t-on, vous n'expliquez pas tout ! » Je vais du moins essayer de montrer dans ce livre que des vérités physiques *indiscutables* et générales *contredisent absolument* les croyances spiritualistes. Peut-être cela ébranlera-t-il quelques lecteurs ; mais le plus grand nombre restera fidèle à la tradition. Il y a beaucoup de gens que les contradictions ne choquent pas.

SAVOIR !

PREMIÈRE PARTIE

CHAPITRE PREMIER

Savoir !

> Il y a une vérité ; on y arrive par la méthode scientifique qui, quoi qu'on en ait dit, a droit de cité partout.

Nous avons tous envie de savoir ; les hommes sont fatalement curieux, mais la curiosité n'a pas, chez tous, le même objet. Ce qui me préoccupe le plus profondément n'intéresse pas mon voisin, qui est, par nature, aussi curieux que moi ; seulement, son désir de connaître le pousse vers d'autres problèmes. Le mot *savoir* a donc une signification individuelle ; je considère comme de parfaits ignorants des gens qui sont honorés par d'autres comme de grands savants ; ce qu'ils savent ne m'intéresse pas, et ils ignorent ce que je voudrais savoir ; le *mot* SCIENCE est dangereux, comme tant d'autres *mots* auxquels nous donnons d'emblée, et sans y prendre garde, une signification absolue. Quand un célèbre critique dénonça la faillite de la Science, cela voulait dire simplement qu'il se préoccupait, comme Ève et le serpent, de la science *du bien et du mal*, et qu'il ne voyait aucun rapport *immédiat* entre cette science et celle des physiciens, dont il parlait d'ailleurs sans avoir pris la peine de l'étudier. La majorité du public, qui était dans le même cas que lui, ne s'en offusqua pas.

Nos curiosités individuelles diffèrent par leur *objet* et par la *méthode* que nous employons pour résoudre les problèmes que nous avons choisis. Les objets de curiosité sont en nombre immense ; il y aurait donc une infinité de sciences différentes, si nous n'avions été amenés, petit à petit, à remarquer que nous devons adopter la même *méthode* de recherches pour pouvoir nous communiquer, les uns aux autres, les résultats de nos travaux individuels. Le jour où l'on aura compris qu'il y a une *méthode unique*, un ensemble de règles dont on ne peut se départir sous peine de rendre stérile le labeur le plus opiniâtre, ce jour-là on pourra parler de la *Science* avec un grand S, et la Science sera caractérisée par la *méthode scientifique*. Les divers problèmes que l'on se posera, d'après ses goûts personnels, auront sans doute des importances très variables au point de vue de la satisfaction de telle ou telle curiosité individuelle, mais on sera sûr, du moins, qu'il n'y a jamais contradiction entre les résultats obtenus. Ce jour-là, le mot *Vérité* aura un sens. Je crains bien que ce ne soit pas cette année !

Le principal obstacle à l'unification de la méthode scientifique vient de ce qu'une divergence initiale classe les chercheurs en deux catégories, suivant *l'objet* de leur curiosité première. Le choix de l'objet initial conduit au choix d'une méthode correspondante, et il y a ainsi *deux méthodes* qui, au premier abord, semblent inconciliables :

Je vis dans le monde ; je m'intéresse, *pour commencer*, soit à *moi-même*, soit au *monde* qui m'entoure. Si je commence par *moi-même*, je suis dans la tradition humaine ; les hommes ont commencé par là, et ils continueront sans doute longtemps. Si je commence par le monde qui m'entoure, sans penser que je ne le connais que parce que j'existe, et sans me demander *comment il peut se faire que je le connaisse*, je suis physicien. Cette deuxième attitude est la moins répandue ; je l'étudie cependant avant l'autre parce qu'elle est pour moi la seule féconde, parce qu'elle seule permet d'arriver à des résultats qui ne laissent subsister aucune contradiction ; la première, au contraire, nous enseigne d'emblée des vérités apparentes dont nous ne croyons pas avoir le droit de douter, et qui contredisent cependant les vérités *vérifiables* auxquelles nous conduit la méthode des sciences physiques. Ainsi, avec ce point de départ, on se heurte à des contradictions inévitables. Ces contradictions me choquent au plus haut point ; ma préférence va donc à la méthode des physiciens, malgré les conséquences humiliantes auxquelles conduit l'application de cette méthode, quand il s'agit de comprendre la nature de l'homme. La plupart de mes contemporains adoptent l'autre, sans doute pour des raisons de sentiment, et aussi parce que les contradictions ne les choquent pas. Beaucoup adoptent, tantôt la première, tantôt la seconde, suivant les phénomènes à raconter, et sans être gênés par l'emploi de deux méthodes irréductibles en apparence dans l'étude d'un monde où chaque événement n'a lieu qu'une fois. Je commence par dire quelques mots de la méthode des physiciens.

***

Quand Newton voit tomber une pomme, il oublie que lui, Newton, est là comme spectateur ; il enregistre simplement un phénomène extérieur à lui, une manifestation de l'activité universelle à laquelle il est étranger, dans laquelle il ne joue que le rôle inopérant de témoin. La pomme serait aussi bien tombée en son absence ; il tombe tous les jours des pommes sans que Newton soit là pour les voir tomber. Mais, comme sa curiosité est attirée par les phénomènes qui se passent au dehors de lui, il se trouve amené à comparer la chute de la pomme à d'autres mouvements qu'il connaît ; et, comme il a profité de l'expérience de ses devanciers, comme il vient après Képler et qu'il est Newton, il a l'audace de rapprocher la chute de la pomme du mouvement des planètes, et il découvre la loi de la gravitation universelle. Il a fait œuvre de physicien.

Même à notre époque où l'espèce humaine a envahi le monde, il se passe sans cesse, sous nos yeux, des millions et des millions de phénomènes qui, nous le savons, auraient aussi bien lieu en notre absence, qui se produisent, semblables à eux-mêmes, dans des endroits où il n'y a pas d'hommes. Nous sommes témoins de ces faits, sans intervenir en quoi que ce soit dans leur réalisation. Nous ne nous demandons pas comment il se peut que nous en soyons témoins ; nous les étudions, nous les mesurons et nous les comparons à d'autres ; nous faisons de la physique.

L'homme a fait, dans la voie de la physique, des conquêtes incroyables ; la découverte des lois suivant lesquelles se passent des phénomènes mesurables qui ont lieu en dehors de lui ; il est même arrivé, dans certains cas, à prévoir quelques-uns de ces phénomènes et ainsi à les utiliser, à en tirer un avantage personnel. C'est là ce qu'on appelle, à proprement parler, la Science. La Science, c'est la physique ; l'homme l'a construite sans se demander comment ; mais il l'a construite, et c'est la merveille des merveilles.

Dans le monde qui nous entoure, qui est extérieur à nous et où les phénomènes se passent sans que nous y prenions part, il y a d'autres êtres vivants, les uns très différents de nous, les autres très semblables à nous. Puisqu'ils nous sont extérieurs, puisqu'ils agissent en dehors de nous sans que nous intervenions dans leur fonctionnement, leur étude est une branche de la physique ; elle est la plus difficile sans doute, mais nous avons vaincu tant de difficultés dans ce domaine merveilleux ! Nous nous mettons donc à les étudier (sans nous occuper de nous-mêmes, observateurs) ; nous leur appliquons les méthodes de la physique ; nous faisons de la biologie *objective* ; c'est, je le répète, une branche de la physique, puisqu'il s'agit de phénomènes qui se passent en dehors de nous et qui se passeraient de même si nous n'étions pas là. Dans cette voie nous avons déjà fait des progrès sensibles et des conquêtes marquantes. La biologie est cependant la plus jeune des branches de la physique, parce que les anciens observateurs n'ont pas su se conformer à la première règle de la science objective vraie, qui est de s'oublier soi-même quand on s'occupe de phénomènes dans lesquels on ne joue que le rôle inopérant de témoin. On a travaillé inutilement pendant des siècles, parce que l'on a mêlé, à tort et à travers, la méthode objective des sciences physiques et la seconde méthode d'études dont je parlais tout à l'heure, et qui construit une route divergeant d'avec la première dès le début. Malgré tout le temps perdu, on a cependant déjà jeté les bases d'une construction qui sera aussi solide que les autres palais du domaine des physiciens : le fonctionnement et l'évolution des êtres vivants extérieurs à nous commencent à nous révéler leurs lois essentielles.

* *

Je viens d'indiquer en quelques mots le caractère essentiel de la méthode des sciences physiques ;

cette méthode n'a pas été la première en date dans l'histoire de l'humanité, mais je l'ai signalée d'abord parce qu'elle permet de construire une science *communicable* et *vérifiable*, une science qui peut progresser parce qu'elle compare et mesure. Cette science se fait remarquer par sa *fécondité* ; elle nous conduit à des résultats tangibles ; elle nous permet d'intervenir efficacement dans un monde dont nous pouvons prévoir certains phénomènes, parce que nous en connaissons les lois.

J'arrive maintenant à l'autre méthode, la méthode anthropomorphique, qui a été adoptée dès le début par nos ancêtres ; c'est celle qu'emploient encore aujourd'hui les philosophes ; il faut bien avouer que, sortis du laboratoire, la plupart des physiciens l'emploient également, surtout quand ils ont à s'occuper de ce qui se passe dans les êtres vivants ; il y a très peu de physiciens qui ne soient que physiciens, et cela se comprend aisément, si l'on pense à la très grande facilité que nous procure cette méthode *anthropomorphique*, toutes les fois qu'il s'agit de donner une explication verbale à ces phénomènes compliqués. C'est la méthode du moindre effort, mais aussi elle est d'une *stérilité absolue*.

Je vis dans le monde ; au lieu d'étudier d'abord le monde sans penser que je suis là pour l'étudier, je commence par m'étudier moi-même *sans m'apercevoir que je fais partie du monde*. Et cette étude de moi-même me conduit immédiatement à des résultats fort simples, ou du moins faciles à exprimer simplement dans le langage humain, puisque le langage humain a été construit par nos ancêtres pour rencontrer ce qu'on découvre par la méthode anthropomorphique.

Je suis, je pense, je veux, j'agis.

Voilà des affirmations infiniment simples, et que tout le monde comprend sans effort. Ce sont là des *Vérités de sens commun;* elles sont évidentes tant qu'on se borne à s'étudier soi-même comme si le monde dans lequel on vit n'existait pas. Et sans doute, si j'avais été le seul homme vivant dans l'Univers, je n'aurais jamais songé à me demander si ces vérités de sens commun cachent des erreurs. Il y a deux choses: le monde et moi; je suis une chose, le monde en est une autre; et, avec la puissance que je m'attribue, il est tout naturel que je sois capable d'étudier le monde, de faire de la physique.

Malheureusement, je ne suis pas seul au monde. Il y a d'autres hommes; ces hommes sont extérieurs à moi, et je pourrais par conséquent les étudier par la méthode des physiciens. Mais c'est très compliqué, un homme, quand on le voit du dehors, quand on n'est pas lui. La méthode des physiciens, qui me conduirait à faire de la biologie objective, m'effraie donc quand il s'agit d'étudier les hommes; ce serait trop difficile! J'aime mieux éliminer la difficulté en m'appuyant sur ce que je constate aisément, que les hommes sont semblables à moi; ils me ressemblent par leur forme extérieure, par leurs gestes, etc. Je trouve ainsi tout naturel de leur appliquer les vérités de sens commun que j'ai découvertes si aisément en m'étudiant moi-même : chacun d'eux est, pense, veut, agit, comme, moi-même, je suis, je pense, je veux, j'agis. Je ne sais pas ce que mon voisin pense, je ne prévois pas ce qu'il veut, mais cela m'est indifférent puisque j'ai une manière simple de raconter son activité en la comparant à la mienne ; et cela me paraît *scientifique*, puisque je suis parti de *vérités de sens commun*. Je prends donc l'habitude de former des phrases dans lesquelles l'homme acteur, est le sujet du verbe qui décrit l'action observée :

Pierre mange une pomme ; Paul court ; etc.

Pourquoi ? Parce que Pierre *veut* manger une pomme, parce que Paul *veut* courir, comme je le ferais moi-même à leur place, car je sais bien que je fais ce que je veux, et que *j'aurais pu faire autre chose si je l'avais voulu*. Cette dernière affirmation, je ne pourrai jamais en démontrer la validité, puisque les événements ne se passent qu'une fois ; mais je sens bien en moi ma liberté, et cela me suffit. Je peuple donc le monde d'hommes doués comme moi, *libres* comme moi. Si, à ce moment, je pensais à ce qu'enseigne d'autre part la méthode des physiciens, je serais un peu gêné, car la physique m'apprend *le déterminisme* du monde extérieur à moi. Or, le déterminisme exclut la liberté. Il y a donc contradiction. Mais je ne m'en émeus pas puisque je suis parti de vérités de sens commun. D'ailleurs, la méthode anthropomorphique est si avantageuse qu'elle supprime chez nous la curiosité qui nous conduirait à faire de la physique ; ou plutôt, cette curiosité, elle la satisfait sans effort, en nous fournissant un langage simple qui nous permet de tout raconter. Il suffit pour cela que nous appliquions aux choses les formules découvertes précédemment pour les hommes et que nous formions des phrases dans lesquelles il y a un mot qui est le sujet d'un verbe. C'est le langage des causes, des forces, des vertus, etc. Tout phénomène que l'on peut raconter dans le langage a une *cause* simple, qui est le sujet du verbe. La physique nous apprend au contraire que tout phénomène, simple en apparence, résulte en réalité du concours d'un très grand nombre de facteurs, dont aucun, par lui-même, ne suffirait à produire le phénomène observé. Mais, avec les ressources de l'anthropomorphisme, on n'a pas besoin de faire de physique; la plupart des hommes s'en passent en effet, et se considèrent néanmoins comme très-savants. Il est inutile d'étudier le monde par la méthode des physiciens quand il est si facile de tout expliquer dans le langage, en peuplant l'Univers de causes, de forces, d'âmes, etc., entités insaisissables mais calquées sur le modèle humain; que chacun de nous trouve si simple en s'observant lui-même comme s'il était seul! Pourquoi, d'ailleurs s'arrêter en chemin? Toute curiosité scientifique cessera dès que nous aurons imaginé un homme invisible et tout-puissant qui s'appellera Dieu, et qui sera la *cause première* de tout ce qui se passe. Dieu le veut! Cette formule satisfait les plus difficiles, dans tous les cas.

Comment toutes ces libertés existent-elles sans se contrarier? Depuis que les sciences physiques se sont développées, on est bien obligé de croire au déterminisme des phénomènes qui se produisent dans les corps bruts. Ne pouvant nier ce déterminisme, on le localise ! La liberté devient l'apanage des êtres vivants dont l'étude objective est encore peu avancée ; mais les corps bruts ne sont pas libres. On leur applique d'ailleurs, tout en ayant l'air de faire de la physique, le langage des forces qui, je le montrerai dans un chapitre ultérieur, permet tous les tours de passe-passe nécessaires à la conservation de l'anthropomorphisme ancestral.

Ainsi, il y aura deux physiques : la physique des physiciens, et une autre physique qui paraîtra la même que la première, et qui permettra de concilier verbalement toutes les contradictions provenant de la croyance au déterminisme et de la croyance à la liberté.

L'anthropomorphisme est infiniment commode ; on l'apprend en apprenant à parler ; chacun de nous l'inventerait pour son compte, s'il n'existait depuis qu'il y a des hommes et qui parlent. Il est commode, mais il est stérile ; il exclut la comparaison et la mesure auxquelles la physique doit sa fécondité. Notre langage étant anthropomorphique, toute philosophie basée sur la physique seule est très difficile à exprimer puisqu'il faut l'exprimer dans une langue qui nie les vérités fondamentales de la physique.

D'ailleurs, le langage n'a pas été construit pour permettre de faire de la physique ; il a été destiné, dès le début, à permettre les relations entre les hommes ; et, naturellement, ayant été fait pour cela, il est très commode pour ces relations quotidiennes entre congénères. Malheureusement, nous croyons à la valeur absolue de ce que nous exprimons dans le langage courant ; des erreurs fondamentales nous sont devenues infiniment chères parce que nous les avons adoptées depuis toujours. Les savants ont bien créé un autre langage basé sur le nombre et la mesure, le langage mathématique, qui permet de raconter, sans contradictions, les vérités de la physique. Mais ce langage est difficile à apprendre ; en outre, les phénomènes les plus simples des relations humaines sont tellement complexes au point de vue physique qu'il serait impossible de les raconter en langue mathématique. Il faut donc se résigner à parler le vieux langage des anthropomorphistes. Mais on pourrait s'en servir pour les relations entre hommes sans attribuer une valeur définitive à la philosophie qui résulte de la forme de ce langage même ; bien peu de penseurs pourront échapper à la tentation ; la philosophie restera spiritualiste. Et ainsi, il y aura deux vérités contradictoires : d'une part, la vérité physique qui établit le déterminisme et exclut toute liberté ; d'autre part, la vérité que l'on apprend en apprenant le langage courant, et qui permet aux hommes de se battre sans cesse entre eux pour des croyances invérifiables exprimées par des mots qui n'ont pas de signification.

Remarquons tout de suite d'ailleurs que les buts immédiats poursuivis par les chercheurs de vérité sont différents suivant qu'ils emploient l'une ou l'autre des deux méthodes dont nous venons de parler. Les physiciens cherchent à savoir *comment* se passent les phénomènes naturels, pour pouvoir les utiliser au profit de l'homme ; les anthropomorphistes s'occupent principalement de la question *du bien et du mal*, ce qui est tout naturel puisque, préoccupés des relations d'homme à homme, ils se demandent fatalement comment on peut intervenir dans la production, par relation réciproque, de ce qui préoccupe le plus chacun de nous, la joie et la douleur. Et, sans doute, pendant les premières périodes de l'humanité, avant l'avènement de la Science, les penseurs qui ont été conduits par leur génie dans cette voie humaine, ont peut-être rendu des services à leurs contemporains. Peut-être, aussi, ont-ils été, avec les meilleures intentions du monde, les auteurs inconscients des plus terribles catastrophes. Il paraît difficile qu'un système basé sur une erreur puisse être indéfiniment utile sans risquer de devenir, quelquefois aussi, extrêmement dangereux.

« Vous allez bien vite, me dira-t on, et vous parlez d'erreur fondamentale avant que vous nous ayez conduits à nous entendre sur ce qu'il faut appeler vérité. » Le lecteur va se mettre en colère et va fermer le livre qu'il a eu l'imprudence d'ouvrir par curiosité. Il aura raison, s'il n'a pas une nature de physicien, car je vais dire des choses qui scandaliseront les plus intrépides.

J'ai écrit plus haut que, comme conséquence immédiate de la facilité incroyable que nous fournit le langage anthropomorphiste pour raconter les faits, l'invention d'un Dieu invisible et tout puissant s'était naturellement imposée à nos ancêtres. Ce Dieu, cause première de tout, et calqué sur le modèle des hommes, s'occupait sans doute de faire la pluie et le beau temps, mais s'intéressait spécialement aux affaires qui se passent entre les hommes, puisqu'il était le résultat d'un langage créé pour assurer les relations entre les hommes. Or, notre idée fondamentale de liberté, mêlée à la préoccupation des questions du bien et du mal, conduit naturellement à la notion de mérite et de culpabilité. Dieu, plus grand que nous à tous les égards, devenait naturellement le juge souverain de ces questions de droit et de devoir. Et, comme la justice n'est pas de ce monde, on imagina naturellement un autre monde dans lequel nous serions jugés par Dieu suivant nos mérites. Là toute vérification devenait impossible, personne n'eut le droit de douter; personne ne doute. Les règlements de Dieu furent inventés par des hommes plus intelligents que les autres, et, étant donné la prétendue révélation qui était leur origine, on ne les discuta pas. Ils devinrent la loi écrite. L'application de cette loi a sans doute eu des effets avantageux; elle en a eu aussi de terribles. Il sera difficile de savoir, quand on fera une enquête approfondie, si l'humanité, pour qui et par qui cette loi avait été faite, en a tiré plus de bonheur ou plus de souffrance. Je ne crois pas volontiers que l'erreur soit une bonne chose.

« Voilà que vous parlez d'erreur » me dira le lecteur irascible, prêt à fermer le livre s'il ne l'a déjà fermé. Eh! oui, je parle d'erreur, parce que je crois à la physique dont les découvertes sont vérifiables et communicables ! Or, pour le monde qui est en dehors de moi et qui comprend tous les hommes, sauf moi qui leur ressemble, la physique nous enseigne qu'il n'y a pas de liberté. La liberté est un mot qui n'a de sens que dans le langage anthropomorphiste dont aucun mot n'est défini par la considération des faits. Et, comme l'idée de mérite et de démérite, de récompense et de punition (idée fondamentale de toutes les religions) est une conséquence de la notion de liberté, j'en conclus que toutes les lois fondées sur cette idée pèchent par la base. Malgré les progrès de la biologie objective, science commençante, la physique n'est pas assez avancée pour nous permettre d'expliquer l'homme dans le détail; c'est entendu; mais elle a établi des lois vérifiables (qui, je le montrerai plus bas, sont aussi des vérités de sens commun pour ceux qui savent voir), et la conséquence de ces lois inattaquables est que, sans expliquer totalement l'homme (elle est sur la route qui le lui permettra), la méthode scientifique *oppose néanmoins son* veto *à certaines explications qui contredisent des vérités établies.* La notion de liberté, celle de mérite et de culpabilité, celle de récompense et de punition sont dans ce cas; la physique nous défend d'y prêter la moindre attention. Mais, dira-t-on, par quoi le remplacez-vous ? Nous verrons plus tard ! En attendant il est impossible qu'un système acceptable soit basé sur une erreur ? Et, avant de chercher à remplacer une notion erronée par une autre qui soit vraie, il faudra d'abord faire le bilan des résultats de la croyance de cette notion; a-t-elle fait plus de bien que de mal? Je ne suis pas impressionné par l'avis du plus grand nombre ; je suis peut-être seul à me poser cette question ; mais elle se pose pour moi avec une insistance à laquelle je ne puis résister. Les religions ont-elles causé plus de bonheur, en rendant aisées les relations entre les hommes observateurs des lois divines faites pour eux, ou plus de souffrance en rendant les hommes cruels envers ceux que leur nature individuelle a mis en contravention avec les lois éditées au nom de Dieu? Ce qu'il y a de terrible dans les lois venant de Dieu, c'est qu'elles sont absolues ; on ne peut, sans une indulgence *coupable*, pardonner à un individu qui a refusé de s'y soumettre. Il faut donc être sévère, sous peine d'être soi-même en faute ; aussi, l'hypocrisie aidant, nous devenons féroces ; nous le serons sans doute toujours, *pour les autres !*

Et c'est pour cela qu'il n'est peut-être pas inutile de se rappeler de temps en temps que la physique nous interdit de croire à la liberté, donc au mérite, donc à la culpabilité! Cela nous rendrait plus indulgents, si nous étions sincères avec nous-mêmes ; mais il faudrait pour cela être de purs physiciens ; aucun de nous n'est assez peu égoïste pour accepter de le devenir. Quoi qu'il en soit, cette remarque nous procure une réponse au réquisitoire de ce pauvre Brunetière parlant de la faillite de la Science. La Science ne donne pas de réponse aux questions qui se posent relativement à ce qui est bien et à ce qui est mal. Elle nous apprend seulement ce qui est vrai et ce qui est faux ou, plus simplement, ce qui se passe et ce qui ne se passe pas. Quant aux considérations sur le bien et le mal, considérations qui, pour certains esprits, priment toutes les autres, elles ont tiré leur intérêt *humain* de ce qu'elles étaient en rapport avec les conventions nécessaires sur lesquelles ont été basées les premières associations d'hommes. Les hommes continuant à vivre en société, il y aura sans doute toujours des conventions *sociales* nécessaires ; mais, suivant les conditions dans lesquelles se fondera une société, ces conventions changeront sûrement, et, par conséquent, il sera toujours dangereux de donner à ces conventions le caractère rigide et absolu de l'obéissance à un Dieu éternel et immuable qui aurait dicté ses lois pour toujours.

On va encore me faire une objection, si l'on a osé continuer de lire un livre aussi profondément immoral :

« Vous avez parlé déjà deux fois de vérités de sens commun, celle de notre croyance à la liberté absolue, dans le système anthropomorphiste ; celle de la non liberté (établie, dites-vous, par les travaux des phycisiens, que vous avez promis de montrer, plus tard, s'imposer à nous par le seul raisonnement, et qui est relative à la conservation de la matière et à la conservation de l'énergie) ; mais il y en a une autre, évidente, celle-là et que vous ne nierez sans doute pas si vous êtes de bonne foi ; c'est celle de la notion que chacun porte en lui, du bien et du mal, du droit et du devoir. »

Je ne suis pas un monstre ; *homo sum !* Et j'ai, en effet, comme tous mes congénères, la notion innée du bien et du mal, du droit et du devoir. Je l'ai même à un degré exagéré, et j'en ai beaucoup souffert. Je suis donc loin de nier que ce soit là une vérité de sens commun. Mais j'ai fait de la biologie objective, et j'ai appris la loi de l'hérédité des caractères acquis.

Des erreurs longtemps accréditées s'imposent à nous, par hérédité, avec la même évidence que les vérités physiques dont nos pères ont subi l'influence prolongée. Si donc, il y a eu, pendant de longs siècles, des conventions sociales adoptées par mes ancêtres, il est tout naturel qu'elles se révèlent à moi comme des vérités absolues, à cause de l'hérédité des caractères acquis.

Et, effectivement, c'est bien cela ! J'ai un sentiment inné du juste et de l'injuste qui, je le répète, m'a fait beaucoup souffrir, et dont je souffre encore quelquefois malgré mes certitudes biologiques. J aurais sans doute été au moyen âge un *homme craignant Dieu*, ce qui était le plus grand éloge qu'on pût faire d'un homme. Mais je ne me considère pas comme un être absolu ; je ne suis pas libre comme vous croyez l'être, et, malgré les certitudes que je tire de l'étude des sciences, je ne puis m'empêcher de porter le fardeau de mon hérédité ; il est difficile de perdre un organe devenu inutile par désuétude, comme l'appendice du cæcum. Je souffre de ma croyance à la justice, comme beaucoup d'entre vous ont souffert de l'appendicite. Et aucun chirurgien ne pourra me faire subir l'opération correspondant à celle qui vous a réussi. Je comprends donc sans peine que vous vous scandalisiez de ce que j'écris ; mais mon esprit scientifique se scandalise tous les jours de ce que mes congénères croient être la vérité absolue, et nous sommes quittes !

***

Je reviens à mes *vérités de sens commun*. Nous en possédons beaucoup, et elles se contredisent. Je commence par la meilleure, la *conservation de l'énergie* ; je montrerai un peu plus loin que c'est une vérité évidente, quoique beaucoup soient tentés de la nier. Un homme de génie vient d'en donner une démonstration rationnelle, comparable à celles de la géométrie (1). Et, pour ceux qui croient à la méthode scientifique, c'est là une chose à laquelle il n'y a rien à répondre.

La notion de liberté a donc vécu !

Ce qui reste à faire, et que je me propose de faire un jour, c'est de donner de la conservation de l'énergie une démonstration à la portée de tous, et *sans appareil mathématique*. Je m'y essaie déjà dans un chapitre ultérieur. Je sens que je ne suis pas loin du but. Mais, du moment qu'il y a une démonstration mathématique de la chose, c'est tout ce qu'il me faut. Le démonstration en langue vulgaire sera seulement utile à ceux qui n'ont pas pris la peine d'apprendre la langue mathématique.

Les autres *vérités de sens commun*, celle de la liberté et celle de la justice, contredisent la première. Elles n'en sont pas moins profondément ancrées

1. Voyez plus bas les considérations sur le livre récent de L. Selme.

dans notre nature d'homme ; elles y sont même infiniment plus évidentes.

L'hérédité des caractères acquis nous fait comprendre l'existence simultanée, dans notre organisme, des vestiges de ces vérités contradictoires. Nous sommes le résultat de ce qu'ont fait nos ancêtres depuis l'apparition de la vie. Or nos ancêtres ont vécu, d'une part comme individus, luttant contre le monde entier, d'autre part comme membres de sociétés humaines, aux lois conventionnelles desquelles ils ont été fatalement soumis, en apparence tout au moins. Il y a donc deux catégories de phénomènes dont la trace a pu se maintenir dans notre hérédité après une longue suite de générations :
1° les vérités physiques résultant de la vie individuelle de nos ancêtres luttant, chacun pour son compte, contre les causes de destruction accumulées dans l'Univers. Ce sont ces vérités provenant, pour chaque lignée, des victoires de ses membres successifs qui ont *vécu* malgré le monde, ce sont ces vérités, dis-je, qui nous permettent de faire de la géométrie et de la physique mathématique.

2° Les conventions sociales auxquelles nos ancêtres ont dû se plier sous peine de mort. Celles-là sont également fixées en nous et se présentent à nous avec le caractère de vérités nécessaires par suite de l'hérédité des caractères acquis. Ce sont les lois morales (justice, bien, mal, liberté, etc...). Celles-là sont bien plus familières à la multitude, et constituent pour elle la Vérité avec un grand V. Ce ne sont cependant que les résultats de conventions longtemps acceptées parce qu'on les a crues utiles, et dont quelques-unes sont devenues nuisibles dans les conditions de notre vie actuelle.

Comment ferons-nous pour distinguer entre ces *vérités de sens commun* qui sont inscrites en nous, et qui ont des valeurs si différentes ? C'est là la plus grande difficulté qui se présente aux chercheurs ; et il faut avouer que la plupart des philosophes ont donné la préférence aux vérités d'ordre moral. C'est que les philosophes parlent la langue vulgaire, qui contient, naturellement, dans sa syntaxe même, presque toutes les erreurs et presque toutes les conventions des sociétés passées. En employant la langue mathématique pour s'exprimer, la méthode des sciences physiques pour faire des recherches, on est assuré de ne trouver que des vérités *vérifiables* et *transmissibles;* on est assuré aussi que, si l'on commet une erreur, quelqu'un s'en apercevra bientôt en employant la même méthode et le même langage.

Mais la plupart des hommes ne savent pas les mathématiques ; la plupart tiennent, par affection réelle ou par paresse intellectuelle, aux vieilles croyances qui nous viennent de nos aïeux. Et ainsi, les seules vérités reconnues par la multitude, les seules dont chaque homme soit sûr et n'essaie pas de discuter la légitimité, ce sont les vérités qui ne sont pas vraies. Le mot *savoir* reste dépourvu de sens ; il n'en prendra un, pour tout le monde, que lorsqu'on aura adopté la méthode des sciences physiques et la discipline du langage mathématique. Je le répète : 'ai peur que cela n'arrive pas cette année !

CHAPITRE II

Quelques digressions nécessaires

La plupart des lecteurs ne sont pas familiarisés avec la méthode des sciences physiques ; je craindrais donc de les rebuter en me lançant immédiatement dans des considérations, que je m'efforcerai cependant de rendre simples et élémentaires, sur la loi fondamentale de la conservation de l'énergie.

Cette loi, dont personne ne peut plus aujourd'hui contester la généralité, puisqu'elle a reçu une démonstration mathématique irréprochable, ne laisse plus aucune place dans le monde à la *liberté absolue* des philosophes, c'est-à-dire à la liberté qui introduit dans l'Univers *des commencements absolus* (1). Or, c'est cette liberté, seule, qui donnerait une signification scientifique aux notions de mérite, de responsabilité, de justice, de châtiment ; c'est sur la croyance à la liberté absolue qu'est basée la sévérité implacable de notre loi morale.

Avant de montrer que des lois physiques indis-

1. La définition est de Renouvier.

cutables anéantissent cette notion si dangereuse, je veux d'abord, dans quelques digressions que les événements actuels rendent particulièrement intéressantes, montrer de quelle importance est, pour notre conduite de chaque jour, la certitude scientifique de l'absence totale de liberté chez les êtres vivants comme chez les corps bruts. Cela encouragera sans doute le lecteur, s'il n'est pas trop profondément choqué dans ses convictions intérieures, à faire l'effort nécessaire pour apprendre les vérités physiques dont la solidité à toute épreuve l'empêchera de se livrer ensuite, pieds et poings liés, à des croyances morales dont il a lui-même souffert, s'il n'en a pas fait souffrir ceux qui dépendent de lui ; un tel résultat vaut bien un petit effort.

Bien entendu, je ne parle que de la liberté absolue, celle qui est la base de la morale et de la punition. Il faudrait être dépourvu de sens commun pour nier la liberté humaine, dont chacun de nous se sent doué et qui nous permet de faire ce que nous voulons, *pour des raisons préexistantes*. Je souligne ces derniers mots, car ils contiennent la négation de ce qui a servi de base à la construction de notre morale féroce. Agir pour des raisons *préexistantes*, cela veut bien dire qu'il n'y a pas, dans notre vie, de commencements absolus surtout si nous voulons bien ajouter, à la lumière de la biologie générale, que ces raisons existent aussi bien au dehors de nous qu'en nous-mêmes ! C'est la constatation du *déterminisme* universel, appliqué aux êtres vivants comme aux corps bruts. Et c'est de cette notion, aujourd'hui si claire, que nos ancêtres sont partis pour croire à la liberté absolue ! Ils ont pris comme point de départ la négation de toute liberté, au sens philosophique, et, par une aberration que leur ignorance justifiait, ils en ont tiré les conséquences cruelles dont tant de nos semblables ont si profondément souffert !

Je montrerai un peu plus loin, comment, en partant de la méthode physique, on arrive, avec quelque attention, à concilier les contradictions apparentes qui existent entre la liberté verbale dont je viens de parler et le déterminisme universel. Ce sera, sûrement, la partie la plus importante de ce livre. Au contraire, si l'on part de la méthode anthropomorphique, on *croit* à la liberté absolue, et cela est irrémédiable. Aucune conciliation ne sera ensuite possible entre les deux méthodes ; on sera condamné à des contradictions éternelles ; mais les spiritualistes ne voudront pas les voir ou en prendront leur parti.

Avant d'arriver à cette conciliation de la vérité physique première avec les vérités apparentes des philosophes partis de l'étude de l'homme, je vais d'abord profiter des tristes circonstances que nous traversons pour montrer, et ce sera là un triomphe sérieux pour la méthode scientifique, que *les hommes ne croient pas*, en réalité, à ces prétendues vérités éternelles au nom desquelles chacun de nous se permet de condamner son voisin. *Les hommes n'y croient pas*, puisqu'ils ne s'y conforment pas quand il y a un intérêt supérieur en jeu et quand la force est assez redoutable pour faire taire la voix de la conscience. La faillite momentanée de la morale nous empêchera peut-être d'y croire de nouveau quand le canon aura cessé de tonner ! Il ne faut pas cependant s'y fier ; les hommes sont très oublieux et reprennent volontiers, pour en faire un usage quotidien, des mensonges avérés dont ils peuvent tirer parti en s'en servant contre les autres.

On trouvera peut-être étrange que je parte si délibérément en guerre contre la morale que tout le monde respecte. Mais tout le monde veut la conserver pour en tirer avantage. Moi, je pense surtout aux douleurs que j'ai vu naître de l'application intégrale de cette morale basée sur des croyances erronées. Et j'ai le droit de le faire, n'étant pas parmi ceux qu'elle a lésés.

Une dernière remarque : Je me répéterai souvent ; et ce ne sera pas inutile, puisque je soutiens le contraire de ce que tout le monde admet. Je me serais répété plus souvent encore si je n'avais craint que mon livre fût trop long. Et l'on aurait eu alors un sérieux prétexte pour ne pas le lire !

Première digression

La guerre et la faillite de la morale

M. Brunetière a proclamé la banqueroute de la Science ; la guerre actuelle vient de décréter la faillite de la morale. Il est essentiel que les hommes s'en aperçoivent ; ce sera au moins un bénéfice tiré de ce cataclysme humain. Mais la bonne hypocrisie est là, gardienne de toutes les erreurs dont chacun profite quand son voisin y croit !

La morale est l'ensemble de toutes les lois auxquelles nous attribuons, vu leur origine prétendue divine, une valeur absolue, et qui ont rapport aux relations des hommes avec les autres hommes. La connaissance sentimentale de ces lois morales est plus ou moins profondément inscrite en chacun de nous, suivant notre nature individuelle. Il y en a même parmi nous qui sont entièrement dominés par ces lois morales, et qui *ne peuvent pas* ne pas s'y soumettre.

Ceux-là sont rares, je m'empresse de le dire ; mais ils existent. Je les ai comparés quelque part aux ouvrières des familles d'abeilles, qui, loin de leur ruche, seules dans la campagne, accomplissent sans broncher leur fonction de chercheuses de pollen et de nectar, sans se laisser un instant tenter par le désir d'en profiter pour elles-mêmes. Elles ne détournent rien à leur profit quoi qu'il n'y ait là ni gendarme abeille, ni abeille garde champêtre. Les conventions qui ont régi la vie familiale des abeilles ont été toujours les mêmes, et ont fini par se fixer dans leur structure individuelle comme les lois logiques qui mettent en nous une connaissance profonde de la physique et de la géométrie ; aussi les abeilles actuelles ne peuvent même pas songer à s'y soustraire, pas plus que nous ne pouvons nous empêcher de tomber quand nous faisons un faux pas. Les hommes qui se comportent ainsi vis-à-vis des lois morales sont rares, je le répète. Pour la plupart d'entre nous, les lois morales sont des obligations auxquelles nous pouvons nous conformer ou nous soustraire, en nous servant de la liberté apparente que nous croyons absolue en chacun de nous. En d'autres termes, ce sont des facteurs *possibles* de nos actions ; ce ne sont pas des facteurs agissant fatalement toujours. D'autres facteurs, coexistant avec les facteurs moraux, peuvent l'emporter sur eux, et l'emportent souvent en effet ; il y a donc, dans l'observance des lois morales, une simple possibilité, tandis que, pour les lois physiques, il y a nécessité inéluctable. Il est regrettable que l'on ait employé le même mot *lois* dans deux cas aussi distincts.

Mais l'homme est intelligent ; c'est, sans conteste, le plus intelligent des animaux ; chacun de nous tire profit des lois morales quand ses voisins les suivent ; il est commode, pour la vie quotidienne, de se savoir entouré de gens vertueux qui ne vous prennent pas votre porte-monnaie. Il est donc avantageux pour chacun de nous que ceux qui nous entourent croient à la valeur absolue des lois morales, et même quand nous nous laissons aller, dans un intérêt personnel immédiat, à leur donner un accroc, nous dissimulons cette action regrettable sous les dehors de la plus parfaite vertu. Cela est nécessaire à la conservation de la morale ; il *faut* qu'on la considère comme absolue au même titre que les lois physiques, pour que chacun de nous puisse jouir en paix des avantages qu'il a acquis (dûment ou indûment) sans que ses voisins, plus forts que lui, essaient de le troubler dans sa quiétude. L'hypocrisie est donc, je le proclame depuis des années, *la principale vertu sociale*. C'est grâce à elle que les lois morales conservent en apparence, malgré les accrocs innombrables qui leur sont faits tous les jours, la dignité immaculée des lois physiques.

Les lois morales ne sont que des conventions sociales fixées plus ou moins profondément en chacun de nous par l'hérédité des caractères acquis. Pour ceux qui les appliquent tout simplement comme les ouvrières d'abeilles, elles ne sont que des impedimenta, restreignant la vie individuelle, mais auxquels on se soumet sans difficulté, parce qu'on les porte inscrites en soi. Pour ceux qui en profitent en feignant de s'y soumettre, elles deviennent un moyen sûr de réussir. C'est pour ceux-là que la croyance en un Dieu, juge souverain, est nécessaire ; pour les premiers, cette croyance serait inutile. Mais, pour ceux qui veulent *profiter* de la croyance des autres, il est indispensable que la foi religieuse se conserve et se développe.

Ainsi la croyance en un Dieu juste, capable de récompenser et de punir, est naturellement souhaitée par tous nos congénères : par les uns, à cause de leur foi naturelle et de leur honnêteté innée ; par les autres, à cause du profit qu'ils en tirent. C'est pour cela que la religion est pratiquée par tant de gens appartenant à des catégories diverses, ceux qui y croient et ceux qui ont besoin qu'on y croie.

Ainsi donc, tant par le jeu des honnêtes gens que par celui des profiteurs éhontés qui simulent la vertu, les lois morales prennent l'apparence des lois physiques. Quoique leur sanction soit renvoyée à plus tard (!) (tandis que celle des lois physiques est immédiate), on les considère volontiers comme inéluctables et absolues. L'humanité vit sur cette erreur volontaire depuis des siècles. Il peut cependant se produire tels événements qui en démontrent l'absurdité. La guerre actuelle en est un ; les guerres passées n'ont pas eu la même importance, parce qu'elles n'embrasaient pas une partie aussi considérable du genre humain ; c'est seulement aux périodes de révolution que l'on a jeté le masque, et que l'hypocrisie a perdu ses droits ; mais les révolutions étaient des phénomènes locaux, tandis que la guerre actuelle intéresse directement ou indirectement tous les hommes.

Les profiteurs, disais-je tout à l'heure, pratiquent ostensiblement la religion et toutes les vertus morales, parce qu'il est avantageux pour eux que leurs dupes croient. Cela est vrai tous les jours ordinaires ; mais cela cesse de l'être quand les circonstances autorisent les effrontés à jeter le masque, c'est-à-dire quand ils se croient sûrs d'être les plus forts. Nous vivons aujourd'hui à l'une de ces époques, et il faut être bien peu clairvoyant pour ne pas s'apercevoir que la morale est une duperie.

Quand des puissances aussi formidablement armées que les nations européennes modernes en viennent aux mains, il est bien sûr que, pour employer la formule si chère à Darwin et que M. de Lapalisse avait inventée avant lui, ce seront les vainqueurs qui l'emporteront. Quand le canon parle, la morale se tait. Il ne s'agit plus de savoir quelle est la bonne cause, quelle est la mauvaise. Les armes décideront, et le bon droit sera du côté du vainqueur. Cela est certain. A un moment où les Allemands se croyaient sûrs de la victoire, ils n'ont pas hésité à la proclamer à maintes reprises ; j'ai relevé à ce sujet des phrases caractéristiques dans leurs journaux, surtout à propos de l'occupation de la Belgique. Ces jours-là l'hypocrisie n'était plus nécessaire. L'humanité sanctionne toujours les droits de ceux qui l'ont emporté par la force!

Et puis, les revers sont venus ; la victoire a paru d'abord indécise, puis de moins en moins probable. Et, aussitôt, la morale a repris son autorité. A vrai dire, elle ne l'avait jamais perdue tout à fait, car, même en Allemagne, au moment où le triomphe des armes d'une nation fortement préparée semblait indubitable, il y avait cependant des gens raisonnables qui doutaient ; ceux-là et ceux que leur nature rend vraiment et incurablement moraux, s'efforçaient déjà de démontrer que les Allemands ont le bon droit pour eux. Des gens de science, que l'on aurait pu croire moins bêtes à cause des études auxquelles ils avaient consacré leur vie, avaient, dès le début de la guerre, proclamé la mission divine de l'Allemand, peuple élu de Dieu, et les bienfaits qui résulteraient pour l'humanité entière de l'établissement d'une hégémonie allemande. Chacun de nous mêle ce pauvre bon Dieu à ses histoires de ménage, et le peuple vainqueur, *quel qu'il soit*, chantera le *te Deum*. Il y a si longtemps que l'on est habitué à l'hypocrisie morale et religieuse ! Et puis, il faut prendre ses précautions en vue d'un avenir qui nous réserve l'inconnu.

Quoi qu'il en soit, la moitié de l'Europe essaie de détruire l'autre moitié, et chacun attend l'événement décisif qui fera, comme dit la vieille chanson :

Voir qui de nous s'ra le plus fort !

Celui-là, le plus fort, sera *l'élu de Dieu*, c'est certain ; du moins, *jusqu'à nouvel ordre*, jusqu'à ce qu'il soit battu à son tour par un nouveau favori.

Tout cela, nous le savions depuis longtemps, et je n'avais pas attendu la guerre actuelle pour le dire en termes crus, dans mon livre *l'Égoïsme, base de toute société*. Il est tout naturel que les belligérants désirent la victoire et s'efforcent de la rendre durable en l'étayant sur le droit. Mais ce que la terrible catastrophe qui se déroule en ce moment sous nos yeux a apporté comme élément de la faillite de la morale, comme démonstration irrésistible du fait que la notion du droit s'est maintenue jusqu'à nous par la seule hypocrisie, c'est l'attitude des éléments humains non engagés directement dans le conflit, l'attitude des spectateurs restés en dehors de la lutte, et dont le rôle est de marquer les points en appréciant les événements.

Nous ne sommes plus à l'époque où des pays éloignés comme la Chine ou l'Australie étaient vraiment en dehors des événements historiques qui se produisaient dans notre vieille Europe. Pour ces pays lointains, l'Europe n'existait pas, de même qu'ils n'existaient pas pour elle. Les histoires de ces pays séparés par des milliers de lieues se déroulaient indépendamment les unes des autres. Puis est venue la navigation à vapeur, le télégraphe, etc., et immédiatement l'indépendance réciproque des pays lointains a cessé. Aujourd'hui nous ne pouvons plus nous désintéresser de ce qui se passe à Pékin ; des habitants de Melbourne peuvent voir dépendre leur sort du résultat d'une bataille engagée sur le front franco-allemand. La guerre européenne intéresse au plus haut point l'Amérique, et aucune des puissances belligérantes ne peut se libérer du souci de connaître l'opinion du Japon.

On va donc trouver, dans l'attitude des neutres qui ne se battent pas, dans la conduite des pays qui ne sont pas libérés de l'hypocrisie sociale par les hasards effrayants d'une guerre sans merci, des arguments en faveur de la solidité de la morale que l'humanité prise tant, et au nom de laquelle elle fait si souvent souffrir les faibles désarmés dans la lutte quotidienne. Évidemment, la morale va passer avant toute autre considération, avant les questions d'intérêt ou de danger futur, puisque les pays en question sont à l'abri du cataclysme. Voilà ce que doivent se dire les doux utopistes qui croient à la paix universelle et à la fraternité humaine.

Nous Français, qui avons été attaqués alors que nous souhaitions la prolongation indéfinie de la paix, nous avons beau jeu dans cette affaire. Nous *savons* que nous ne voulions pas nous battre : nous *savons* que la Belgique, qui était pour nous une protection naturelle, a été envahie au mépris des traités. Et, naturellement, ceux d'entre nous qui croient à la valeur absolue de la morale s'attendaient à ce que les neutres manifestassent, au nom de cette morale outragée, une indignation non équivoque. Ceux-là ont été surpris, mais il n'en continueront pas moins à croire à la morale. Les neutres n'ont manifesté aucune indignation; tant qu'ils n'ont pas été menacés eux-mêmes, dans la vie de quelques-uns de leurs concitoyens, ils ont conservé une neutralité de sentiment vraiment déconcertante. Mais il ne faut pas voir là une faillite de la morale, car les neutres dont il est question pouvaient être mal informés ; ils attendaient des précisions pour savoir quel était le coupable dans le déchainement de cette guerre, etc. Au fond, ils se demandaient anxieusement quel serait le vainqueur pour lui tresser des couronnes ; et ils profitaient des embarras dans lesquels la guerre plongeait une moitié de l'humanité, pour faire avantageusement « leur petit commerce ». Je ne le leur reproche pas ; ils ont agi logiquement ; mais leur hypocrisie m'a dégoûté de l'espèce humaine. Pourquoi ne pas dire hardiment des choses logiques au lieu de se couvrir du manteau infiniment troué de la vieille morale. Décidément, cette vieille morale, si chérie des hommes qui y croient vraiment et qui sont des « poires », ne sert qu'à donner un vernis d'honnêteté et de vertu à la lutte inséparable de la vie et qui divise les hommes sur tous les terrains, malgré la fraternité humaine, qui me fait penser à la confraternité médicale, et dont Étéocle et Polynice ont donné le modèle vrai. Les neutres ont « fait leur beurre » de la guerre européenne, et se sont préoccupés de sauver les apparences morales en vue de l'après-guerre, de manière à se trouver en état satisfaisant quel que soit le vainqueur, quand le canon se sera tu, et que l'hypocrisie sociale aura repris tous ses droits.

Tout cela n'est pas très encourageant pour ceux qui croient à la valeur absolue de la morale, mais cela n'étonne pas le penseur familiarisé avec l'idée de la lutte universelle. En dehors même des guerres vraies, où l'on abandonne l'hypocrisie parce qu'elle n'est pas de taille à lutter contre les explosifs perfectionnés de notre époque, il y a toujours une guerre économique entre tous les peuples, et celle-là tire son profit de l'hypocrisie sociale qui a du bon. C'est entendu, mais que les grandes démocraties sœurs (!) ne nous rebattent pas les oreilles de leurs propos vertueux ; elles profitent de notre guerre et elles ont raison ; elles attendent l'issue en prenant une attitude qui leur concilie la bienveillance du vainqueur quel qu'il soit ; elles ont raison encore ; mais la morale a fait faillite, et elle ne s'en relèvera que pour les imbéciles.

La notion de droit, qui engendre la notion du devoir, est naturelle à l'homme parce que l'homme se croit libre et maître de ses destinées. Elle résulte le plus souvent du phénomène biologique d'habitude. Quand un groupe d'hommes a conquis une prérogative (et il peut l'avoir conquise par la force brutale, par le rapt, par toutes les violences que la morale réprouve) il prend l'habitude d'en jouir ; cette habitude lui est douce et devient un *droit* qui lui est cher. Il n'y a de droit que des droits acquis. Néanmoins, nous donnons volontiers une signification absolue au mot *droit*. Là encore nous nous trompons volontairement. Mais, pour avoir conservé si longtemps une morale qui contredit par tant de côtés les lois naturelles les plus certaines, il est indispensable que les hommes aient eu, comme dit William James, *la volonté de croire*. Ils l'ont eue ; ils l'ont encore ; ils l'auront même après la fin de cette horrible guerre, qui aurait dû ouvrir les yeux des moins clairvoyants. Pendant la guerre, le seul droit est le droit du plus fort ; après la guerre, l'hypocrisie humaine sanctionne toujours les conquêtes faites par le canon. Le vainqueur a le droit de jouir de sa conquête, et c'est le droit avec ce grand D, jusqu'à ce qu'un autre, plus fort que lui, le prive du bénéfice de son succès éphémère. Les choses humaines sont transitoires ; mais, à cause de l'hérédité des caractères acquis et d'autres propriétés biologiques du même ordre, qui sont inhérentes à la nature même des êtres vivants, nous aimons à nous gargariser avec de l'absolu. Et une expérience, mille fois renouvelée, ne nous guérit pas de cette douce manie qui fait partie de notre structure animale.

*
* *

Parmi les spectateurs non armés, qui assistent au

conflit actuel sans y prendre part et en se contentant de juger les coups, il en est un dont la situation est tout à fait à part, c'est le pape. Parmi les puissances chrétiennes qui sont en guerre les unes contre les autres (et auxquelles se sont mêlées, par un intérêt plus ou moins bien compris, des populations musulmanes), la plupart des gens croyants attribuent au pape une autorité souveraine en matière de religion. Or il est bien certain que c'est par son côté moral que la religion peut intervenir dans une affaire comme la guerre européenne. Les nations lésées dans des droits *sacrés* (dont l'origine historique est cependant bien connue, et qui ne se sont construites que sur la méconnaissance d'autres droits antérieurs ayant également un origine historique), les nations lésées au mépris des traités, comme la Belgique en particulier, ont pu penser que le pontife romain s'intéresserait immédiatement à leur cas et lancerait ses foudres spirituelles contre les barbares qui déchirent les chiffons de papier au bas desquels ils ont apposé leur signature.

Il n'y a pas dans toutes les conventions qui constituent le monde humain, un seul chapitre aussi universellement approuvé que celui qui a trait au respect de la parole donnée: Nous avons en effet besoin de croire à la fidélité des gens auxquels nous nous confions parce qu'il nous ont promis aide et assistance; sans cela, la vie serait trop difficile et surtout trop compliquée. Nous simplifions les choses en imaginant des droits éternels et absolus. Nous oublions volontairement que notre associé d'un instant nous a fait ses promesses éternelles un jour où cela était avantageux pour lui. Les circonstances ont pu changer depuis ; un facteur nouveau peut entrer en jeu et modifier toutes les chances de la partie d'échecs à laquelle nous prenons part. Et si notre associé voit que son intérêt l'entraîne d'un autre côté, il trouve naturellement de bonnes raisons, toutes morales d'ailleurs (car la forme doit être respectée à moins qu'on se croie sûrement le plus fort) notre associé, dis-je, trouve de bonnes raisons pour se tourner contre nous et prendre avec notre ennemi des engagements aussi éternels et aussi absolus que celui qu'il avait pris avec nous. Cela, nous le savons, mais nous voulons l'ignorer ! Où irions-nous, grands Dieux, si nous ne croyions plus à l'éternité des engagements qui sont scellés par *la parole d'honneur* dans laquelle nous mettons toute notre foi morale ? Le pape, représentant sur la Terre du souverain juge qui est infini et éternel, est particulièrement bien placé pour *connaître*, comme on dit en justice, dans ces questions où les fondements mêmes de la morale sont en jeu. Foin du vil intérêt, qui ne développe en nous que de basses passions ! Dans sa souveraineté reconnue par tous les catholiques croyants, le pape se place au-dessus des contingences et n'a pas à s'occuper de l'avenir, puisqu'il représente celui qui est éternel. Il est le défenseur du droit !

Cette croyance dans la valeur absolue de la puissance papale est encore une conséquence de notre besoin de stabilité et de pérennité ; quand un état de choses *est*, nous ne pouvons pas croire qu'il n'ait pas toujours été, parce que nous y sommes habitués. C'est si commode de croire à la valeur absolue des particularités dont nous avons l'habitude ! L'histoire est à ce point de vue la plus décevante des connaissances humaines. Nous voyons que tout a eu un commencement, même l'autorité des papes ; nous voyons que tout a eu une fin, et nous voulons croire, cependant, à l'éternité de ce que nous connaissons et de ce que nous aimons ! Dites à un Allemand qu'il arrivera un jour où il n'y aura plus d'Allemagne ; vous serez bien reçu ! Et cependant les empires les plus forts, l'empire romain lui même, ont eu une existence éphémère ! Nous aimons l'absolu et l'éternel, quoique nous sachions bien qu'il n'y a pas d'absolu et d'éternel dans les choses humaines.

En particularité, l'histoire nous apprend comment s'est établie petit à petit l'autorité des papes. Je n'insisterai pas sur cette question qui n'est pas de mon ressort. Clovis, se faisant sacrer par un évêque, parce qu'il avait besoin des évêques, reconnaît aux évêques le pouvoir de faire des rois ! Charlemagne, se faisant sacrer par un pape, reconnaît à un pape le pouvoir de faire des empereurs. Lisez après cela la querelle des investitures et les conflits entre les deux puissances, pape et empereur, qui avaient grandi côte à côte en se donnant la main. Puis, après un bond de plusieurs siècles, voyez l'Autriche opposer son *veto* à l'élection du cardinal Rampolla. Tout cela est bien instructif. Et il faut sans doute une grande « volonté de croire » pour admettre après cela que le pape représente Dieu sur la Terre, et ne pas se mettre à rire quand la puissance papale fait, de sa propre autorité, son dernier pas historique dans la voie de l'absolutisme en proclamant son infaillibilité. Les hommes aiment cela ; ils aiment ce qui est absolu, éternel et infaillible, et ils l'aiment d'autant plus qu'ils savent bien que toutes ces propriétés sont incompatibles avec la nature humaine. Pourquoi aimerait-on certaines choses si elles étaient comme les autres, qui sont possibles ? On aime ce qui se distingue et d'autant plus que cela se distingue plus ; s'il y a distinction *essentielle*, notre amour devient de l'adoration...

Donc, pour les catholiques croyants qui forment la majorité de l'Europe en guerre, le pape représente l'autorité morale suprême ! Dans cette conflagration européenne où il y a eu des violations de parole donnée, des dénis de justice, des défis à cette pauvre chose caduque qu'on appelle le droit des gens, beaucoup, disais-je plus haut, s'attendaient à ce que le pape lançât ses foudres spirituelles. Et c'est sans doute ce qu'eût fait un pape qui aurait, comme tant de catholiques, cru à l'origine divine de l'autorité papale et à l'éternité de la mission morale du siège de « Saint-Pierre » (!) Je ne sais rien du pape actuel ; je ne sais pas s'il est aussi croyant que le fut Talleyrand évêque d'Autun, mais je crois que, au point de vue de la pérennité de la foi dont il est le gardien, il a été moins habile que n'eût été Talleyrand. Il n'a pas fait le beau geste qui eût enthousiasmé tant de chrétiens, et donné un sérieux appoint à la croyance absolue dans la morale. Je connais beaucoup de catholiques qui ont été profondément attristés. Mais ces catholiques n'ont pas, pour cela, condamné le pape; ce serait condamner la catholicité; ils ont cherché à l'excuser; j'ai entendu quelques-unes de ces excuses; elles ne valent pas grand'chose, et sont étranges, émanant de croyants qui croient aveuglément à tous les enseignements de l'Église; je vais signaler les arguments qui m'ont été donnés :

Le premier, et le meilleur sans contredit, est que le pape a été mal renseigné; il est entouré surtout de gens inféodés à l'Autriche (dont on connait l'intervention récente dans la non élection du cardinal Rampolla); il n'a pas su la vérité sur la violation de la Belgique, etc...

Je comprends très bien qu'un pape qui est le pape de tous les chrétiens, soit fort embarrassé dans une affaire qui met aux prises la moitié de la chrétienté avec l'autre moitié (l'une de ces moitiés a d'ailleurs annexé les Turcs, mais c'est là une affaire diplomatique dont le pape n'a pas, sans doute, à s'occuper). Il ne peut être avec les uns sans être contre les autres, et cela est dangereux pour un chef. Je reviendrai tout à l'heure sur cette considération. Mais je ne puis, moi pauvre scientifique, m'empêcher de m'étonner que le représentant de Dieu sur la Terre soit si mal renseigné dans des affaires qui intéressent au plus haut point le monde dont il est le gardien. Nos chancelleries aussi sont mal renseignées, malgré la télégraphie avec ou sans fil; mais elles n'ont que les lumières humaines, tandis que le pape, quoique élu par des cardinaux qui sont des hommes, est devenu dépositaire d'un pouvoir divin. On pourrait faire des plaisanteries sur l'infaillibilité du pape, mais ce seraient des plaisanteries de mauvais goût, car cette infaillibilité, Pie IX se l'est attribuée uniquement en matière de dogme, et la neutralité de la Belgique n'était qu'une convention humaine ; le pape peut ne pas savoir dans quelles conditions la Belgique a été violée ; ce sont là des affaires humaines. J'ai souvenance, cependant, que son prédécesseur, aussi mal renseigné sans doute, a interdit aux évêques français de se soumettre à la loi qui fondait les associations cultuelles. C'étaient aussi des affaires humaines, et les prélats de France, connaissant leur intérêt, avaient décidé d'accepter la loi. Le pape, quoique mal renseigné, a pris parti, parce que c'était son intérêt, et il a eu là le plus beau succès d'autorité de toute l'histoire papale ; les évêques se sont soumis. Je me demande si des questions d'intérêt ne sont pas entrées en jeu dans la détermination de son attitude dans la guerre actuelle ; c'est précisément ce que disent (sans s'apercevoir qu'ils jouent un jeu dangereux) les autres défenseurs de l'autorité papale, qui en ont fourni la deuxième explication.

Des milliers et des milliers de catholiques, dépendant des empires centraux, auraient laissé entendre que, si le pape prenait parti contre le Kaiser, ils embrasseraient immédiatement le protestantisme, dont, paraît-il, ils ne sont pas très éloignés. Et ce serait là un gros déchet pour le catholicisme. Mais quelle valeur peut avoir la perte de milliers, de millions même d'adhérents, pour une religion qui se sait éternelle ? Quelle valeur surtout peut avoir cette perte, si on la met en balance avec le formidable accroc donné à la morale par la non observance d'un traité au bas duquel la puissante Allemagne avait apposé sa signature, surtout si cette violation de la parole donnée a l'approbation tacite du pape qui fait semblant de tout ignorer ? Si je croyais en Dieu, si je croyais à la morale et à la justice, je considérerais cet accroc comme infiniment plus important que la perte, sans doute momentanée, de quelques millions de clients. Le pape en a jugé autrement. « Quel malheur, disent quelques catholiques, que nous n'ayons pas un grand pape ! » Est-ce qu'un pape peut ne pas être grand ? Ce n'est qu'un homme; il mange et il boit comme nous; mais il est investi de l'autorité divine, du moins on nous le dit, et il fait semblant de le croire. Alors quoi?

L'explication la plus vraisemblable de l'histoire dont je viens de parler est que le pape, qui est un homme et un diplomate, a pensé à l'avenir comme un homme et comme un diplomate. Il a fait comme les neutres. Il n'a pas voulu se mettre contre les empires centraux, parce que, au début, il a cru que ces empires centraux allaient à une victoire sûre, et il est toujours bon, même pour un pape, de se trouver du côté du manche. Puis, le vent a tourné; le succès est devenu indécis ; et le chef de la chrétienté a pris, comme les neutres, une attitude expectative; il est prêt à se mettre avec les vainqueurs quand on saura qui est vainqueur.

Et voici le troisième argument qui m'a été donné

par des catholiques : le pape, qui est le pasteur de toute la chrétienté, n'a pas à prendre parti pour les uns contre les autres : Battez-vous, mes enfants, moi je suis retiré du monde ; je suis avec vous tous et ne puis que prier pour vous.

Ce n'est pas cela que j'avais cru comprendre jadis quand on m'a parlé de l'autorité de l'Église. Le pape n'est pas un berger qui doit compte de toutes les brebis de son troupeau ; il est le gardien de la religion et de la morale ; et quand un acte immoral est commis même par un des puissants de la Terre (surtout par un puissant), il doit le condamner hautement. Un pape a excommunié Robert le Pieux ; un autre a forcé Philippe-Auguste à reprendre Ingelburghe et à répudier Agnès de Méranie. C'est que ces papes se sentaient les plus forts, ou du moins voulaient montrer qu'ils étaient les plus forts. Aujourd'hui, il faut tenir compte des changements survenus dans l'humanité ; un pape se laisse élire avec l'appui de l'Autriche ; un autre se tait sur des violations de paroles et des dénis de signatures. C'est lamentable pour la croyance à la morale ! En supposant que, comme on l'a cru d'abord, le succès des empires centraux était assuré, quel beau suicide pour la papauté que de protester contre les infamies des vainqueurs en soulevant l'étendard de la justice et du droit ! Quel beau geste, de se jeter dans la mêlée sans en prévoir l'issue et de proclamer l'infaillibilité des principes d'honneur et de vertu ! Pour faire ce geste, il aurait fallu croire à la valeur absolue de ces principes ; or ce geste n'a pas été fait, et, maintenant, il est trop tard ! La plus haute autorité morale reconnue dans le monde n'a pas pris la défense de la morale outragée. Les neutres et le pape ont proclamé la faillite de la morale en s'occupant d'abord de leurs intérêts. Nul doute cependant qu'avec un peu de bonne hypocrisie on remette les choses en l'état quand la guerre sera finie. La crédulité humaine est sans bornes ; elle demande des choses faciles à comprendre, et auxquelles elle soit habituée. On lui fournira ce qu'elle veut, et personne ne se souviendra de cette guerre. Là, encore une fois, l'expérience n'aura servi de rien contre des erreurs qui sont chéries de nous parce qu'elles sont anciennes, et que l'habitude de nous en servir nous les a rendues commodes.

* * *

En résumé, dans cette immense boucherie qui étonne l'humanité, nous remarquons principalement deux choses :

1° Les belligérants, ayant dit que la parole est au canon, ne s'occupent plus de la morale, en dehors des chancelleries dont le rôle est de donner une couleur morale aux actions dictées par le seul intérêt ; cela est tout naturel ; c'est la définition même de la guerre. En temps de guerre, comme en temps de révolution, le cynisme est la règle ; on dit la vérité, c'est-à-dire qu'on proclame, par nécessité, le droit du plus fort ;

2° Les neutres, spectateurs du conflit, prennent une attitude dictée par leur seul intérêt.

D'une part, ils font leur profit de la guerre à laquelle ils ne participent pas, en vendant aux belligérants tout ce dont ils ont besoin pour continuer à se battre ; et sans doute, beaucoup d'entre ces neutres, qui font actuellement des fortunes incroyables, souhaitent que nous continuions à nous entr'égorger pour leur procurer de bonnes affaires.

D'autre part, ces mêmes neutres, soucieux de l'avenir, s'efforcent de deviner quel sera le vainqueur pour obtenir de lui un traitement favorable après la guerre. Ce sont là des vérités évidentes.

Nous espérons actuellement que la victoire finale se décidera en faveur des peuples qui ont été attaqués et contraints à la guerre, malgré eux, c'est-à-dire que la victoire probable sera du côté du *bon droit*. Mais cela ne tient pas à ce que les attaqués ont le bon droit pour eux ; cela vient surtout de ce qu'ils se sont mis à fabriquer des canons aussi puissants que ceux des attaquants.

Ceux qui croient à la morale se scandaliseront de ces affirmations sans fard. Ceux qui donnent à leur morale une forme religieuse font des prières dans les églises pour le triomphe de leur pays. Mais on fait autant de prières en Allemagne qu'en France, et si le Dieu des chrétiens existait, il serait bien embarrassé ! Les belligérants qui croient en lui n'ont sans doute pas beaucoup de confiance dans sa connaissance profonde des choses humaines, puisqu'ils s'imaginent que l'arbitre souverain des destinées humaines peut être trompé sur la question de savoir de quel côté est la responsabilité de la guerre ; ils s'imaginent aussi qu'il peut être dupé par des promesses ! On croirait voir des plaideurs qui, dans un procès humain, comblent leur juge de cadeaux et s'efforcent de lui faire valoir de mauvais arguments. Jamais on n'a, plus que dans des circonstances de cet ordre, traité Dieu comme un homme ; jamais on n'a montré plus clairement que Dieu a été inventé par nous sur le modèle de l'homme. Du moins faudrait-il avoir le courage, quoique ayant copié Dieu sur le modèle des hommes, de ne pas lui attribuer les faiblesses humaines, comme celle qui consiste à se laisser influencer par des promesses et tromper par des mensonges.

Pour la plupart des hommes, la loi morale est absolue ; pour les croyants, elle tire son caractère de loi absolue de ce qu'elle est l'expression de la volonté d'un Dieu infaillible. Depuis le commencement de cette guerre, on voit se produire deux phénomènes qui, tous deux, prouvent combien notre croyance à la valeur absolue de la loi morale est purement superficielle et que nous nous en servons quand nous trouvons qu'il est avantageux pour nous de la voir suivre par nos voisins :

D'une part, tous les hommes, croyants ou non croyants, s'efforcent de se concilier les bonnes grâces de celui qui sera le plus fort : ils ne sont arrêtés sur cette voie que par le doute qui plane encore sur l'issue de la guerre ; ils ont donc renoncé à la morale absolue, parce que, dans les circonstances actuelles, l'intérêt crie trop fort.

D'autre part, les croyants, qui considèrent Dieu

comme l'auteur et le défenseur de la morale, s'efforcent de le mettre dedans avec des arguments analogues à ceux dont se servent les chancelleries des divers pays (diplomatie veut dire duplicité).

De cette observation faite par un témoin impartial, il résulte que notre croyance à la morale est toute de surface. Nous nous en servons pour faire nos petites affaires ; mais en temps de guerre européenne, il y a surtout de grandes affaires, et le cynisme en résulte. Cela n'empêchera pas, quand la guerre sera finie, que l'on revienne *immédiatement* dans tous les pays, à l'observance stricte de la morale absolue qui est si commode pour élever les enfants et pour maintenir les domestiques dans le droit chemin ! Et il ne faudra pas voir là de l'hypocrisie, au sens propre du mot, car l'hypocrisie est le fait de celui qui, sachant une vérité, fait semblant d'en croire une autre pour obtenir un résultat avantageux. Non, il n'y aura pas hypocrisie, car chacun de nous *croit* à la morale et s'indigne vertueusement quand il constate que ses congénères ne s'y conforment pas de point en point. Il faut que nous soyons personnellement intéressés dans une affaire, pour admettre qu'on puisse momentanément, donner un accroc à des lois immuables. Dès que l'affaire est terminée à notre avantage, nous redevenons, de toute bonne foi, sévères et justes !

Le principal caractère de la morale est d'être absolue. Quand un biologiste comme moi vient annoncer que notre sentiment moral actuel *a une origine historique,* qu'il est la trace laissée en nous par l'application prolongée de conventions sociales qui peuvent avoir été bonnes à une certaine époque et être aujourd'hui nuisibles, on le considère comme un iconoclaste dangereux.

Et remarquez bien que je ne diffère pas des autres en cela ; j'ai, moi aussi, une hérédité humaine qui fait de moi un être profondément moral. Quand je suis témoin d'un acte que la morale réprouve, je commence par m'indigner violemment, comme tout le monde. Et, si je cédais au premier mouvement, je serais sans doute un juge cruel et implacable. Heureusement, je réfléchis vite ; la raison vient combattre le sentiment ; la *certitude*, dans laquelle je suis de l'insignifiance des idées de liberté et de responsabilité, a bien vite raison de mon premier mouvement d'homme du moyen-âge ; et alors, je ne sais plus ! je ne vois pas au nom de quoi je pourrais condamner ou absoudre ; je me contente de plaindre ceux qui ont du mal sans que j'y puisse rien.

Sans doute, dira-t-on, c'est là une attitude bien inférieure !. Où irions-nous, si tout le monde était comme cela ? Mais où allons-nous en ce moment par ce temps de guerre terrible ? Je me félicite d'avoir connu la vérité physique qui, en m'apprenant l'origine historique de la morale et l'absurdité qui consiste à lui donner une valeur absolue, m'empêche de me montrer sévère à l'égard de mes semblables ; je suis peut-être, comme on dit vulgairement, *une andouille* (!), mais j'aime mieux être une andouille qu'un tigre.

Deuxième digression

La morale sexuelle

Je l'ai répété à maintes reprises au cours du chapitre précédent : le principal caractère de la loi morale est d'être absolue. Théoriquement (je dis théoriquement, car quand des intérêts puissants sont en jeu, la pratique contredit la théorie), théoriquement, dis-je, il n'y a aucun adoucissement possible à la sévérité des lois morales. Elles sont l'expression de la volonté d'un Dieu infiniment juste et infiniment bon, qui a montré sa justice en nous faisant tous différents et inégaux, et qui a montré d'autre part sa bonté en nous remplissant de tentations violentes pour des choses qu'il est censé avoir défendues; cela, afin de nous donner du mérite! Donc, pour ceux qui n'ont pas réfléchi à l'évolution et à l'origine de l'homme, la morale, qui est d'origine divine, est indiscutable et intangible.

Pour moi, biologiste, elle est simplement le résultat, profondément fixé dans notre hérédité, de conventions sociales, adoptées par nos ancêtres pour rendre la vie commune plus facile, et conservées pendant des siècles.

Parmi ces conventions, quelques-unes ont été tellement commodes que l'on comprend leur conservation à travers les âges. Quand un homme a lutté pour conquérir un avantage quelconque, il a le désir d'en jouir en paix (1), et il doit bénir la loi qui interdit à son voisin de le tuer ou même de s'approprier le bien qu'il a acquis au prix d'un effort soutenu. Cela n'empêche pas les hommes de voler quand ils sont sûrs de n'être pas vus, mais ils se cachent pour éviter le châtiment, et aussi pour ne pas donner un exemple funeste qu'un camarade pourrait suivre en leur prenant ce qu'ils ont volé. Il y a donc des lois contre l'homicide et le vol, qui nous paraissent avantageuses à tous, et que nous respectons, au moins en apparence, pourque la tradition de ces lois salutaires soit conservée.

Mais il y en a d'autres, pour lesquelles nous nous montrons plus implacables encore, et qui demanderaient à être revisées, car elles ont causé plus de souffrances qu'elles n'en ont empêché. Je veux parler des lois de la morale sexuelle. C'est sur ces questions que notre hypocrisie coutumière nous rend le plus irrémédiablement implacables. Quand je rencontre, ce qui n'a pas lieu souvent, des individus capables de causer avec liberté et sincérité au sujet des questions sociales, je vois toujours avec étonnement qu'ils sont intraitables sur la question sexuelle. Et c'est toujours le même argument : « Vous oubliez que la société est basée sur la famille ! Qu'adviendrait-il si l'on vous écoutait et si l'on desserrait l'étau des lois cruelles que le monde applique avec tant de juste sévérité quand il s'agit des relations d'homme à femme ? » A cela je réponds que, depuis

1. C'est là l'origine de la notion du droit.

des siècles et des siècles, le nombre des maris trompés et surtout des femmes cornettes est incalculable, et que, néanmoins, grâce à l'hypocrisie universelle, la sainteté et la majesté du mariage n'en ont aucunement paru atteintes. Si nos interlocuteurs étaient de bonne foi, ils me répondraient que c'est justement cette hypocrisie qui est la vraie sauvegarde de la société ; mais comment voulez-vous qu'un homme *de bonne foi* reconnaisse la nécessité de l'hypocrisie ? Admettre qu'il faut ruser avec la loi morale pour qu'elle continue à régler les relations des hommes entre eux, c'est admettre que la loi morale est mauvaise. Et jamais un homme de bonnes mœurs ne souscrira à une proposition aussi dangereuse. Nous continuerons donc à être sévères sur les questions sexuelles, tout en cachant le mieux possible nos propres faiblesses, et cela me serait bien égal si cela ne conduisait pas tant de malheureuses victimes au désespoir et à la mort.

Les sentiments d'ordre sexuel sont les plus violents et les plus irrésistibles que l'homme puisse éprouver. Les douleurs qui viennent des accidents rencontrés dans ce domaine social, sont de beaucoup les plus terribles de celles auxquelles nous sommes exposés dans notre histoire morale. Et c'est pour cela que, de tout temps, les conventions humaines relatives à la question sexuelle ont été au premier plan dans toutes les législations.

Quand deux coqs se battent pour une poule, c'est le vainqueur qui jouit de sa conquête (et il faut bien reconnaître que les femelles aiment les conquérants), mais ce n'est pas une possession définitive, une acquisition estampillée par la loi. Que le vaincu reprenne courage, soit après un bon repas, soit pour toute autre cause, et il possédera à son tour la proie convoitée, s'il est capable de vaincre le premier conquérant ; et la poule se prêtera docilement aux fantaisies du nouveau vainqueur, jusqu'à ce qu'une troisième bataille change la fortune des belligérants.

Les hommes, plus intelligents que les coqs, aiment à jouir en paix de leurs conquêtes: ils considèrent qu'une victoire, d'ordre physique ou sentimental, leur donne des droits définitifs sur la femme qui les a, un jour, jugés dignes de ses faveurs. Et ainsi se réalise, dans la mentalité humaine, ce programme qui est une monstruosité biologique un individu propriétaire d'un autre individu ! L'étude impartiale des êtres vivants nous apprend, sans que nous puissions douter un instant de la valeur des résultats de nos recherches, qu'un être vivant, quel qu'il soit, est seul au monde ! Limité dans son sac de cuir (s'il s'agit d'un animal supérieur), il se défend contre le monde entier dont font partie tous ses congénères, et tous les autres êtres vivants, sans compter les facteurs physiques de chaleur, d'humidité, etc. Il peut arriver qu'un accord momentané se fasse, sous l'influence de certaines circonstances, entre deux individus qui conviennent de s'unir dans la lutte contre les agents destructeurs du monde, et c'est ce qu'on appelle l'amitié ou l'amour suivant les cas ; mais, que les conditions changent, et l'accord pourra devenir caduc. Alors, il sera naturel que les deux êtres momentanément unis se séparent ; mais s'ils ont, l'un et l'autre, l'idée si nécessaire à l'homme de la pérennité et de la valeur absolue des conventions *librement* passées entre animaux qui se considèrent comme *libres*, ils resteront liés l'un à l'autre, sous l'empire de ces erreurs qu'on appelle croyances morales, et, rivés à une chaîne détestée, ils se haïront, tout en le dissimulant sous les dehors de cette hypocrisie naturelle qui nous pousse à considérer comme absolues les prescriptions d'une morale dont nous ne pouvons nous empêcher de remarquer la caducité.

Puisque les hommes se résolvent, malgré leur férocité naturelle, à jouer ce rôle piteux, c'est que, vraiment, ils ont une peur extrême des douleurs que causent les mécomptes d'ordre amoureux ; ils aiment mieux vivre un éternel mensonge que de renoncer à cette idée consolante que la possession d'une femme librement consentante leur donne sur elle des droits *éternels*. Qui de nous ne connaît, malgré l'institution du divorce, une foule de mauvais ménages dont les conjoints sont des ennemis ? Il y en a de bons ; il y en a même d'excellents quoi qu'en ait pensé La Rochefoucauld ; mais alors, c'est vraiment une merveille de la nature, qui a réuni par hasard des êtres vraiment orientés de la même façon et faits pour vivre ensemble éternellement ; il y en a surtout de bons, quand les deux conjoints sont assez intelligents pour comprendre que la loi morale est toute de surface, et que le *lien* matrimonial ne crée d'obligations entre les conjoints qu'autant qu'ils trouvent plaisir et avantage à être ensemble.

En dehors de ces exceptions très rares, la plupart des ménages ne tiennent que par une hypocrisie, par un mensonge de tous les instants. Et, je le répète, pour que les hommes, qui sont si fiers, acceptent ce compromis honteux, il faut qu'ils aient (quel que soit leur sexe) un désir antibiologique de la pérennité dans la possession. L'homme, comme la femme, veut être propriétaire de son conjoint. Les jurys, formés d'hommes qui sont sujets à l'amour, acquittent toujours l'époux trompé qui a tué. C'est stupide, mais c'est cela qui fait la majesté du mariage !

Le monde, d'ailleurs, (je veux dire la société mondaine) donne chaque jour une démonstration éloquente de l'hypocrisie qui préside au maintien des conventions nécessaires à la sécurité de l'époux propriétaire. On « reçoit », dans les milieux les plus huppés, des ménages dont les histoires extra-conjugales défraient la chronique scandaleuse qui s'appelle l'opinion publique, pourvu que le mari et la femme restent ensemble et aient l'air de s'accorder; les dehors sont sauvés ; c'est tout ce qu'il faut !

Le mariage religieux fournit un autre exemple de ce besoin qu'ont les hommes de donner une valeur absolue à leurs conventions individuelles. Quand deux individus ont décidé de s'unir sexuellement, ils veulent donner à leur union un caractère éternel ; et le mariage devient un *sacrement*, c'est-à-dire une chose mystique dont on sait seulement ceci, que c'est éternel et indissoluble. La société mondaine, qui n'est pas composée uniquement d'imbéciles, a compris l'importance, pour la morale générale, de cette institution à caractère sacré. Et, malgré les lois des pays qui admettent le divorce, la *Société* ne reconnaît que les unions légitimées par le sacrement religieux ! Voici un ménage dont le mari a eu notoirement dix maîtresses, et dont la femme entretient, au domicile conjugal, un amant qui est le meilleur ami du mari ; on le *reçoit* partout (le verbe *recevoir* veut dire, en langage mondain, approuver), et l'on va même jusqu'à inviter l'amant en même temps que le ménage, car l'hypocrisie sociale y trouve son compte ; les apparences sont sauvegardées.

Au contraire, deux divorcés remariés sans le concours du prêtre, et menant la vie conjugale la plus irréprochable sont montrés au doigt et tenus à l'écart ; ils ont *osé* s'aimer et s'unir en dehors des règles que l'hypocrisie déclare éternelles et intangibles.

Ceci est l'histoire de tous les jours. Tout le monde la connaît ! Et cependant elle continue, parce que l'hypocrisie est le principal facteur de la vie sociale. Les gens du monde *savent* qu'ils mentent ; ils *savent* qu'ils ne croient pas à toutes les calembredaines sur lesquelles est basée la vie mondaine, et ils sont **féroces** pour ceux qui se permettent de mépriser des lois auxquelles personne n'attribue aucune valeur. C'est là ce qu'il faudrait empêcher. Le nombre des malheurs inouïs, des suicides même, causés par cette férocité d'un monde épris d'absolu et se contentant d'hypocrisie est incalculable. Il est nécessaire de proclamer la vérité sexuelle. Il y a quelques ménages excellents ; des couples exceptionnels, soit par suite d'une étude judicieuse antérieure au mariage, soit simplement par un hasard heureux qui a uni des individus faits l'un pour l'autre, trouvent le bonheur absolu dans une union qui dure sans nuage toute la vie (1) ; d'autres ont une vie tolérable ; le mari et la femme se supportent, et ne cherchent pas de consolation en dehors du foyer conjugal, peut-être parce que leurs besoins sexuels sont minimes ; la plupart ne tiennent que par une hypocrisie quotidienne, *pour le monde;* et le monde, plein de curiosités malsaines, est au courant de leurs débordements, qu'il pardonne d'ailleurs, du moment que la face est sauvegardée.

Voilà un tableau peu flatté sans doute, mais absolument impartial, de l'état de mariage dans la société actuelle.

Comment se fait-il, si tout cela est vrai, que l'ensemble des réguliers (j'appelle réguliers ceux qui sont, réellement ou en apparence, en règle avec les exigences de la morale), comment se fait-il, dis-je, que le troupeau des réguliers, qui, avec une intelligence moyenne, ne peuvent s'empêcher de remarquer les conventions croulantes placées comme étai à la base de la morale mondaine, soient d'une férocité si incroyable, quand il s'agit de juger les malheureux que les nécessités d'une vie douloureuse a mis en tra-

---

1. Ceux-là sont d'ailleurs pleins d'indulgence pour les affaires conjugales des autres.

vers des habitudes reçues? Ici, je pense surtout aux malheureuses filles-mères, qui, lorsqu'elles ne sont pas acculées au suicide, se voient ordinairement contraintes à mourir de faim, parce qu'on trouve immoral de les employer et de leur fournir du travail. Dans notre société si imparfaite, c'est là sûrement le vice de construction le plus redoutable, celui qui fait le plus de malheurs.

Je remarque d'abord que, sévères jusqu'à la cruauté pour les jeunes filles qui ont succombé à la passion, nous sommes d'une indulgence plus que plénière pour les jeunes garçons qui font la même chose. Bien plus, nous considérons que, pour le jeune homme, la vie sexuelle est indispensable, et j'ai entendu dire souvent à des mères très collet monté : Je ne donnerais pas ma fille à un homme qui n'aurait pas « vécu ». Il y a donc deux poids et deux mesures, et quand on le fait remarquer aux moralistes en chambre qui constituent « l'élite » de notre société, ils répondent toujours la même chose : Pour la fille c'est bien différent ! Il y a l'enfant ! Or, l'enfant est la base de la famille, la famille est la base de la société, etc. ; vous devinez le reste.

Ce raisonnement m'a toujours laissé rêveur. Sans doute, une fille enceinte a un enfant; mais mes études biologiques sur le sexe m'ont démontré jusqu'à l'évidence que le produit d'une union sexuelle tient exactement, de son père et de sa mère, des quantités *équivalentes* de propriétés vitales. L'équivalence des deux sexes dans la fécondation est pour moi une vérité intangible. Si la fille a un enfant, le garçon aussi en a un ; seulement *cela ne se voit pas!* Et voici la bonne hypocrisie qui revient sur l'eau ! Dans les mammifères, dont nous sommes, la femelle a la charge douloureuse de mûrir, dans son utérus, le fruit de la conception ; elle est le siège d'une grossesse fatigante et souvent pleine de dangers. Mais le produit qu'elle porte tient du père autant que d'elle. Seulement le père, une fois l'acte accompli, n'a qu'à se laver, et tout est dit : *Il ne reste plus de témoin de ce qu'il a fait.* Lui seul le sait, et il ne va pas s'en vanter à cause de la morale. La femme, au contraire, voit grossir son ventre, et on la montre au doigt quand on ne la lapide pas ; ses parents la mettent dehors ; elle n'a plus qu'à mourir de faim et de misère, tandis que l'homme qui l'a fécondée court la pretentaine.

Jésus a dit une bonne parole à propos de la femme adultère : « Que celui qui n'a jamais péché lui jette la première pierre. » Il aurait dû penser à dire une chose analogue pour la jeune fille. Sa parole n'a d'ailleurs pas porté de fruit, puisqu'on acquitte le mari qui, ayant eu dix maîtresses, tue sa femme infidèle. Mais la pauvre fille-mère est plus intéressante, car *tout le monde* la honnit, *même* celui qui l'a rendue grosse, et qui a peur qu'on le sache.

Ainsi va le monde ; ce n'est pas moi qui l'ai fait ; je constate seulement. L'institution du mariage est, malgré les accrocs que tous les hommes lui donnent sous des dehors vertueux, la plus sacrée, la plus sainte de toutes nos institutions morales. Car on affirme que la famille est basée sur le mariage, et la famille est le fondement de la société. Il *faut* donc que l'état actuel des choses continue, et il continuera sans doute tant qu'il y aura des hommes, malgré les ratiocinations de quelques rêveurs inoffensifs.

Il y a cependant toute une catégorie d'êtres humains qui, non pas ouvertement, ce serait scandaleux, mais dans leur for intérieur, protestent contre des conventions, évidemment sacrées, mais grâce auxquelles leur vie devient un martyre. Ce sont les jeunes filles qui ne trouvent pas à se marier ; il y en a beaucoup, et il y en aura bien plus encore après cette horrible guerre qui aura détruit des millions d'hommes en âge de faire des maris. Pour se marier il faut être deux. Souvent les conjoints s'unissent, parce qu'ils ont besoin l'un et l'autre, de satisfaire, sous l'égide des lois, le besoin sexuel qui naît en eux après la puberté. Oh! ils ne le disent pas! On se marie dans le but sacré de fonder une famille, et c'est sur la famille, chose respectable entre toutes, que repose, dit-on la société.

Mais il y a, pour fonder une famille, des nécessités, d'ordre financier surtout, qui font que les parents n'autorisent pas les mariages dépourvus de garanties. Et, comme, dans les milieux bourgeois tout au moins, les jeunes filles ont l'habitude de se conformer sans récrimination aux désirs de leurs parents, on voit des jeunesses qui s'étiolent dans le désespoir, dans une misère physiologique causée par l'absence d'un facteur vital indispensable. On en voit des quantités, et on en verra de plus en plus.

Bien entendu, il y a une revanche à cet état de choses lamentable. Une fois que la jeunesse est passée, les belles jeunes filles stériles deviennent des vierges rances et vindicatives, qui passent leur vie dans les églises et jettent la pierre à tout ce qui fait la vie normale, la vie physiologique de la jeunesse. Personne n'est plus enragé que les vieilles filles contre les jeunes couples vivants et amoureux. Et si un tel couple n'est pas rigoureusement investi de tous les sacrements, mondains ou religieux, qui autorisent la vie saine, on cherche tous les moyens de lui faire du mal.

Ceci dure depuis longtemps, et l'hypocrisie humaine s'en réjouit ; il paraît que c'est très bien.

Mais puisque la guerre actuelle vient de proclamer pour tous les esprits impartiaux et clairvoyants, la faillite de la morale, puisque les plus hautes autorités morales du monde ont donné la preuve de leur soumission servile au droit du plus fort, pourquoi ne profiterait-on pas de cette démonstration indéniable de l'absurdité des principes prétendus absolus qui servent d'aliment à la jalousie et à la méchanceté individuelle, pour libérer d'une contrainte mortelle toute une partie de l'humanité qui gémit depuis des siècles sous la férocité de congénères hypocrites armés du glaive de la *Loi !* Je connais un homme de bien, occupant une situation éminente, et qui, ayant, dans sa jeunesse, abusé par des promesses fallacieuses de la confiance de jeunes filles pleines de désir, est aujourd'hui le plus rigide défenseur de la loi morale sexuelle, et considère comme intangibles les principes éternels sur lesquels notre hypocrisie a construit la société.

A ceux qui prennent cette attitude intransigeante, il faudrait dire la vérité biologique ; il faudrait leur montrer que les lois morales ne sont que des conventions destinées à rendre la vie plus douce. Certaines de ces conventions nous sont encore utiles ; je le répète, chacun de nous est enchanté qu'on condamne le vol, pour être sûr qu'on ne lui prendra pas son porte-monnaie dans sa poche. Il est bon d'être entouré de gens qui croient en un Dieu punisseur du vol et de l'homicide. Mais, quand il s'agit de questions sexuelles, pourquoi sommes-nous si intransigeants ? Est-ce pour que le « gorille lubrique » qui est en chacun de nous trouve plus facilement des oies blanches bonnes à tromper ? Si cela est, avouons-le pendant cette période de cynisme que constitue la guerre européenne, et où tout le monde s'incline sans vergogne devant le droit du plus fort ! Disons-nous surtout que la loi morale, provenant des conventions prolongées dans les sociétés humaines passées, était primitivement destinée à protéger contre des dangers quotidiens la vie paresseuse de nos ancêtres fatigués des luttes nécessaires. Mais à qui cela peut-il faire du mal qu'une jeune fille, n'ayant pas trouvé de conjoint officiel (et il y en aura des milliers et des milliers après cette boucherie de jeunes hommes) en ait pris un temporaire et profiteur, pour calmer des besoins naturels dont elle n'était pas responsable ? A qui cela peut-il faire du mal, sinon à la pauvre jeune fille elle-même qui, ensuite, surtout s'il lui est arrivé de se trouver enceinte, ne rencontrera plus de gorille mâle, même fatigué d'une jeunesse orageuse, qui veuille lui donner, pour la vie normale de l'âge mûr, l'anneau conjugal assurant un foyer reconnu par la loi.

Voilà ce que dicte la raison; voilà ce que, toute hypocrisie mise à part, nous devrions considérer comme une vérité évidente. Mais nous sommes tous des gorilles; nous avons tous des mentalités de propriétaires; nous tenons à la conservation des lois morales à cause du profit que nous en tirons.

Et aussi, il faut l'avouer, même ceux d'entre nous qui sont le plus libérés par le sain exercice de leur raison et par l'emploi quotidien de la méthode scientifique, restent, par hérédité, inféodés, malgré qu'ils en aient, aux vieilles traditions morales. Nous savons que ce sont des conventions, mais elles sont imprimées en nous par un vieil usage; nous savons que l'acte sexuel est une nécessité physiologique comme le boire et le manger, et qu'il n'a pas plus d'importance philosophique. Il conserve la lignée, mais le boire et le manger conservent l'individu, et, s'il n'y avait pas d'individus, il n'y aurait pas de lignées. Nous savons tout cela, mais, de même que nous avons des dents de sagesse et un appendice du cæcum, organes désuets qui nous font souffrir et ne nous servent à rien, nous avons aussi un sentiment moral, souvent inutile, souvent dangereux, mais qui fait partie de nous. C'est par ce sentiment moral que nous sommes portés immédiatement à condamner nos congénères (alors que nous avons fait souvent bien pis qu'eux)! Un peu de raisonnement guérit de cette férocité naturelle ceux d'entre nous qui ont l'habitude de la méthode scientifique. Encore faut-il que nous songions à faire ce raisonnement, ce qui n'arrive pas toujours! Et d'ailleurs, combien sommes-nous à nous servir de la méthode scientifique ? Sommes-nous un sur un million? Je ne le crois pas! Et les autres resteront implacablement féroces ; d'autant plus féroces qu'ils auront besoin de plus d'hypocrisie pour ne pas se reprocher à eux-mêmes, au nom de la morale qu'ils défendent, des actes dont ils ne sont pas responsables puisque la responsabilité est un vain mot, mais qu'ils croient cependant nécessaire de racheter en se montrant sévères et même cruels pour ceux qui se sont laissé prendre la main dans le sac! Je n'ai jamais admiré Brutus condamnant ses fils à mort. Je ne serais pas fâché de savoir ce que ledit Brutus avait fait dans sa jeunesse. Quelle que soit la valeur que l'on attribue aux lois morales, je préférerai toujours à toute autre attitude sociale celle de l'homme qui est sévère pour lui-même et *indulgent pour les autres*. S'il est sévère pour lui-même, c'est qu'il croit à la valeur absolue des lois morales ; mais, qu'il cherche bien dans sa vie passée et présente, il trouvera assez d'occasions d'exercer sa sévérité en jugeant ce qu'il fait, et il laissera les autres tranquilles.

Tout ce que je viens de dire sera jugé profondément immoral si on le lit, si on ne jette pas le livre avec dégoût après les premières pages ; et le mot

immoral a sur nous tous une puissance incroyable !
il jouit d'une si longue prescription ?

Dans ces affaires d'ordre sexuel, il y a cependant un facteur dont il faut tenir compte, et qui est sans doute devenu plus grave à cause d'une très longue croyance à la valeur absolue de la morale, c'est la douleur indéniable qui résulte de la jalousie amoureuse. Un individu qui s'attribue des droits acquis sur un autre individu, éprouve une souffrance mortelle quand il apprend que cet autre individu a accordé à un tiers les faveurs qu'il se croyait réservées à lui-même. Mais il faut bien reconnaître que cette douleur est aussi vive dans les unions illégitimes que dans celles qui sont sanctionnées par la loi. Un amant trompé par sa maîtresse est aussi malheureux qu'un mari trompé par sa femme ; seulement, il ne peut pas recourir aux tribunaux. Au fond, je l'ai souvent répété, l'homme est un animal propriétaire ; dès qu'il a pris l'habitude de jouir d'un avantage quelconque, il considère que cet avantage lui est dû, et il se trouve lésé quand il s'aperçoit qu'il s'est trompé dans son appréciation. Mais la douleur d'un avare qui a perdu son trésor n'est sans doute pas aussi vive que celle d'un amant trompé par une maîtresse chérie. Et c'est pour cela que les hommes, ayant tous éprouvé ce genre de douleur, qui est inévitable puisque les individus sont des mondes séparés et distincts les uns des autres, sont portés à la plus extrême sévérité pour tout ce qui concerne la fidélité conjugale ou même simplement sexuelle ! Chat échaudé craint l'eau froide !

Pour une fois (il faut bien le faire remarquer, car cela n'est pas fréquent), le langage courant a exprimé naturellement une vérité d'ordre scientifique en appliquant le même qualificatif de *jaloux* à celui qui déplore l'impossibilité d'être propriétaire de l'être qu'il aime, et à tous ceux qui souffrent de voir remporter un succès quelconque par un de leurs semblables, même quand ils n'étaient pas candidats dans l'affaire où a été obtenu ce succès. On considère couramment la jalousie de l'envieux comme un sentiment bas et répugnant, la jalousie de l'amoureux comme une souffrance noble et respectable. Ces deux jalousies sont de même ordre ; elles viennent de la tendance des hommes (et sans doute, de tous les animaux) à considérer qu'ils ont des droits, acquis ou naturels, mais absolus !

De nos jours, la jalousie de l'envieux est réprouvée de tous, mais celle de l'amant est l'objet de la pitié universelle. En réalité ces deux jalousies tirent leur origine d'une vieille erreur, qui, au moins dans le cas des amours légitimes, est sanctionnée par les lois, malgré les milliards de coups de canif donnés dans les contrats conjugaux. La notion de droit est une notion trompeuse, et la guerre actuelle le montre suffisamment ; il n'y a de droit que celui que l'on peut, à chaque instant, défendre par la force !

Je ne m'occupe, dans ce chapitre, que de la morale sexuelle ; et je me demande si les douleurs, profondément cruelles, qu'éprouvent les époux ou amants trompés, tirent leur origine de particularités fixées désormais dans notre hérédité et par conséquent indestructibles, ou s'il n'en revient pas une grande part à notre éducation. Si cette dernière hypothèse était vraie, on pourrait espérer guérir cette maladie douloureuse entre toutes, en n'enseignant plus aux enfants que l'acte sexuel a une importance formidable, et en leur laissant comprendre que c'est la satisfaction d'un besoin naturel qui n'engage à rien aucun de ceux qui s'y livrent par consentement réciproque ! Il est bien reconnu qu'on a tort de gâter les enfants en leur laissant croire qu'ils sont les maîtres du monde ; cela en fait plus tard des envieux. Pourquoi ne pas raisonner de la même façon au sujet des questions amoureuses qui, la lecture de tous les romans le prouve surabondamment, sont la plus grande source de douleurs de la pauvre vie humaine ? Pourquoi ne pas apprendre aux enfants qu'un être ne peut se considérer, même à la suite d'un consentement momentané, comme le propriétaire d'un autre être ?

Malheureusement, les enfants sont élevés par des parents qui croient à la morale matrimoniale parce qu'ils ont souffert, soit d'accidents conjugaux, soit simplement de doutes douloureux, et qui désirent, pour eux-mêmes la reconnaissance officielle des droits acquis. De plus, pour élever les enfants, les parents les traitent ordinairement comme leur *propriété* absolue, et cela développe chez les jeunes la croyance antiscientifique de la possibilité pour un individu d'être propriétaire d'un individu *distinct* de lui, ayant ses joies et ses douleurs personnelles et incommunicables. Enfin, il est trop commode, pour élever les enfants, de leur faire croire à la responsabilité, au mérite (1) et au châtiment divin. Ce sont là des erreurs presque nécessaires, dans l'état actuel de l'humanité pourrie de traditions et d'erreurs héréditaires.

Et ces idées, sucées avec le lait de la nourrice, seront considérées ensuite comme les choses les plus respectables à cause de leur antiquité. Les lois de la physique, qui s'appliquent aux êtres vivants comme aux corps bruts (et on ne saurait le nier puisque la conservation de l'énergie est une *vérité rationnelle* démontrable sans expérience) nous apprennent que la notion de mérite et celle de responsabilité sont des erreurs certaines, liées à la croyance erronée à une liberté absolue que nie le déterminisme universel. Chose curieuse, si l'expérience humaine a pu se tromper à ce sujet dans bien des cas, ce que nous expliquons ailleurs, l'étude des phénomènes amoureux aurait dû suffire à éveiller notre défiance, car il est notoire que l'on devient amoureux sans le faire exprès, et que les sentiments les plus violents entrent en nous malgré nous, comme il nous tombe une tuile sur la tête. Et c'est cependant pour ces phénomènes sexuels que nous réservons nos foudres les plus terribles ! Il peut arriver, et il arrive fré-

---

1. On raconte qu'un enfant, grondé par ses parents qui lui donnaient comme exemple un camarade ayant de grands succès scolaires aurait répondu : « Il a des parents intelligents ! lui. » Cette parole est bien profonde pour un enfant ; mais enfin, nous ne choisissons pas nos parents: nous tenons d'eux, et ils devraient bien s'en souvenir !

quemment, que d'autres facteurs d'action, entrant en jeu (croyance à la loi morale, crainte de l'enfer, peur de faire souffrir, etc.), empêchent l'homme de succomber à la tentation que crée le sentiment amoureux. Mais le sentiment amoureux n'en existe pas moins, et il est bien plus important dans la vie personnelle que l'acte éphémère auquel il nous conduit. Et cependant, dans un des meilleurs ménages que je connaisse, dans un ménage où aucun orage n'a altéré une union déjà ancienne, la femme dit souvent au mari : « Je te pardonnerais peut-être une passade sans conséquence, mais si tu devenais amoureux d'une autre femme, même sans la posséder, je t'en voudrais à mort ! » Rien n'est plus illogique, et rien n'est plus naturel non plus, que cette attitude humaine, étant donné le fardeau des croyances et des hérédités sous lequel ploient nos contemporains. Et cela durera sans doute aussi longtemps que l'humanité. Il est donc indispensable, tout en proclamant que ce sont là des erreurs scientifiques, de tenir compte, dans toutes les législations, de l'existence de ces erreurs héréditaires et traditionnelles dans la pauvre nature humaine.

Mais s'il était permis à un pauvre rêveur, qui n'a aucunement la prétention de fabriquer des lois, de donner son avis dans la matière, je demanderais que l'on eût la sagesse d'adopter un compromis. Bien entendu, comme chacun de nous porte ces erreurs en lui, et que cela peut être pour lui une cause de souffrances, on tiendrait compte, dans le langage qui est un des principaux déversoirs de nos chagrins, de l'existence de toutes ces croyances auxquelles nous devons d'être si malheureux. On le ferait d'ailleurs en atténuant sans cesse la portée du sentiment erroné de la responsabilité en matière d'amour, de manière à ce que, petit à petit, le mal accompli par les générations passées s'atténuât dans les générations à venir. On en tiendrait compte dans le langage, dis-je, et ce serait déjà beaucoup : mais quand il s'agirait d'appliquer des sanctions pénales ou d'exercer des vengeances, on se souviendrait de la vérité, et on serait indulgent pour de prétendus crimes qu'on a soi-même plus d'une fois commis. Seulement on ne le dirait pas ; on laisserait croire qu'il y a des punitions pour des actes qui n'en méritent pas et qui, cependant, font souffrir !

Cela, me direz-vous, ne serait guère scientifique ! Sans doute ! Mais comment voulez-vous appliquer des règles scientifiques à une humanité qui, merveille de précision dans le fonctionnement physique, est, dès qu'il s'agit du domaine moral et sentimental, entièrement construite sur l'erreur ? On pourrait néanmoins rappeler souvent à ceux qui se montrent inexorables, la parabole de la paille et de la poutre.

Autre digression

Les neutres, les civils et la population.

Puisque nous profitons, pour énoncer des vérités scientifiques dont quelques-unes paraissent cruelles, de ce que l'état de guerre, dans lequel l'Europe est plongée, fait tomber momentanément le masque d'hypocrisie derrière lequel s'abritent les croyances morales à prétentions absolues, permettons-nous quelques remarques sur un autre sujet, dans lequel, une fois de plus, on prend des conventions pour des principes. Je suis, pour ma part, dans une position avantageuse pour parler de cette nouvelle question, puisque, ayant vécu, depuis le début des hostilités, dans des conditions normales de confortable et de tranquillité, je puis me considérer comme un des profiteurs de la guerre ; j'ai donc toute liberté pour parler de ceux qui, comme moi, vivent tranquillement chez eux, pendant que leurs frères et leurs amis se font tuer pour les défendre contre l'envahissement et la germanisation.

Il y a, dans chaque pays, les belligérants et les habitants ne portant pas les armes. Et la différence des conditions des uns et des autres est formidable, étant donné surtout qu'il suffit d'un écart de quelques mois dans les âges de deux amis ou des hasards d'un conseil de révision passé hâtivement, pour les classer l'un et l'autre dans deux catégories entièrement différentes.

Il y a donc les belligérants et les autres. Et cela est tout naturel, car il y a évidemment des individus inaptes, dont la présence aux armées ne ferait qu'en gêner le bon fonctionnement.

Les belligérants se battent ; les autres, les civils, restent chez eux, parce qu'ils ne peuvent pas rendre les services qu'on attend des soldats. Ce n'est pas cela qui m'étonne ; ce qui me frappe (et je ne sache pas que personne ait jamais fait cette remarque), c'est que les non-belligérants s'attribuent *des droits*, en raison de leur inaction.

Un pays menacé par l'ennemi est comparable à un vaisseau battu par la tempête. L'équipage du bateau se démène de toutes ses forces, pour lutter contre le fléau ; les passagers attendent avec angoisse l'issue de la tourmente, mais, si le bateau sombre, les passagers sont noyés comme les membres de l'équipage. Il y a cependant eu des naufrages dans lesquels les passagers ont demandé et *obtenu* un traitement de faveur, une place dans des chaloupes insuffisantes pour tout le monde, uniquement parce qu'ils n'avaient rien fait pour sauver le bateau. Cette question de *droit* est vraiment bien obscure, d'autant plus obscure qu'elle repose sur une base très fragile, sur de simples conventions plus ou moins explicites en général.

Quand il s'agit d'un cataclysme naturel dans lequel l'homme n'a pas de rôle direct, on ne parle pas de droits. L'éruption du mont Pelé a tué des femmes, des enfants et des vieillards aussi bien que des hommes valides, des chenapans et des repris de justice aussi bien que d'honnêtes gens.

Si la catastrophe éruptive avait été moins rapide, le seul *droit* qui eût pu s'exercer eût été le droit à la fuite, et ceux qui avaient les meilleures jambes eussent été préservés ; ils eussent peut-être d'ailleurs emporté sur leurs épaules des femmes et des enfants, comme Enée sauva son père Anchise. Mais où est la question de droit là-dedans ? Il n'y a, dans cette affaire. comme dans toutes les autres, que l'avantage du plus apte ou du plus fort.

Néanmoins, quand il s'agit des souffrances que font endurer à des femmes et à des enfants des vainqueurs impitoyables, nous ne pouvons pas nous empêcher de parler de violation de droits, et de droits sacrés, (car tous les droits sont *par définition* sacrés !) Supposons cependant pour un instant (ce que la tournure actuelle des événements permet heureusement de considérer comme improbable), que les Austro-Allemands sortent vainqueurs de la lutte effroyable dans laquelle ils ont engagé l'Europe. Quel dédommagement pourraient attendre les habitants de la Belgique et des autres pays envahis, qui ont été traités, par leurs maîtres momentanés, comme des bestiaux? Aucun, évidemment. Ceux qui ne seraient pas morts de faim ou de chagrin devraient encore dire un grand merci à leurs bourreaux devenus incontestablement les maîtres de l'heure. Et les bons neutres qui assistent, avec leurs sentiments supérieurs de haute mais inopérante moralité, à la boucherie actuelle, répéteraient à l'envi, comme une flatterie à l'adresse des triomphateurs ;

> Vous leur fîtes, seigneur,
> En les croquant, beaucoup d'honneur.

Je crois pouvoir espérer qu'une telle éventualité ne se présentera pas. Je m'imagine même que les empires centraux auront une forte note à payer à la prétendue conscience morale des témoins de la guerre qui, si ces empires centraux l'avaient emporté, leur auraient tressé des couronnes pour ne pas être entraînés dans le cataclysme, et aussi pour obtenir la clientèle économique des maîtres provisoires de l'Europe.

Voici maintenant, où tend ce long préambule :

A moins de se boucher les yeux volontairement, il est impossible de ne pas remarquer, pendant l'état de guerre, que le *droit des gens* représente uniquement des conventions, avantageuses pour le plus faible, et que le plus fort observe, quand cela lui plaît ! Au lieu de se lamenter et de faire appel à une vaine morale, les nations qui s'indignent vertueusement des attentats quotidiens aux droits (?) des faibles feraient bien mieux de prendre la résolution d'appliquer aux bourreaux, s'ils sont vaincus, la peine du talion.

Du moment qu'il s'agit de convention, *il faut* que celui qui les a violées *paie*, si l'on est assez fort pour le faire payer. Cela est de l'intérêt de tous, des neutres comme des autres, car il leur en pend autant au nez, si l'on laisse croire que les crimes contre le droit des gens peuvent rester impunis ! Il faut que les conventions gardent leur apparence de valeur absolue, et, pour cela, il faut que les bourreaux actuels soient punis quand ils seront devenus victimes ; il faut qu'on soit féroce à leur égard quand ils seront vaincus, comme ils ont été féroces quand ils se sont crus sûrs de la victoire ; il faut qu'on coule autant de leurs bateaux marchands qu'ils ont coulé de bateaux marchands, etc. etc.

Je m'empresse de dire tout cela avant la fin de la guerre, alors que l'exercice de la peine du talion que je préconise est encore une chose future et peut-être lointaine. Je le dis avec ma raison et non avec mon sentiment, car je suis héréditairement plein de faiblesse et dénué de toute férocité. Et j'espère que je ne serai pas appelé à appliquer moi-même les peines que je réclame. Il faudra charger de cela ceux qui ont le plus profondément souffert dans leurs affections. *Mais il faudra que cela ait lieu*, si l'on veut que, dans les guerres futures, les belligérants respectent les conventions relatives aux femmes, aux enfants, et aux vieillards.

Xerxès fut ridicule en faisant fustiger la mer qui avait englouti ses vaisseaux, parce que la mer ne pouvait tirer parti de ce châtiment pour devenir, dans la suite, douce aux navigateurs. Mais les hommes ont de la mémoire ; et, *si les bourreaux sont vaincus*, il sera de l'intérêt de tous qu'on leur inflige un châtiment exemplaire, pour que d'autres vainqueurs, dans l'avenir, sachent qu'il est dangereux de se faire bourreaux. Il est vrai que des vainqueurs momentanés escomptent toujours une victoire future, et se croient, par conséquent, assurés de n'être pas punis. De sorte que mon procédé de représailles ne vaut pas cher !

Il n'en reste pas moins que la guerre actuelle a montré combien la morale est lettre morte pour ceux qui se croient sûrs d'être les plus forts. Si donc on croit à la nécessité des conventions sur lesquelles sont basées les relations entre hommes et entre groupes d'hommes, il faut remplacer la crainte de Dieu, qui n'arrête personne, par celle des hommes qui est plus dangereuse. De même, on introduit dans la mentalité des apaches la crainte du gendarme qui supplée (bien insuffisamment !) à la conscience morale dont notre intérêt serait de les voir doués. J'ai bien peur que la crainte du châtiment soit aussi peu efficace pour les peuples de proie que la crainte du gendarme pour les apaches !

Faut-il donc se résigner, devant la démonstration que vient de nous fournir la guerre actuelle au sujet de la faillite de la morale et du droit des gens ? Mais alors, il faudrait vivre *en vérité*, et ne plus enseigner aux enfants des contes à dormir debout ! Les hommes en sont incapables ; il y a trop longtemps qu'ils se bercent de croyances à des entités dont l'existence est purement verbale ! Et si l'on y renonçait, ce serait approuver cette vérité, que tant de preuves démontrent, à savoir que l'homme, qui a besoin de vivre en société, n'est pas, après des siècles de siècles, devenu un animal social !

Jamais nous n'avouerons une chose si monstrueuse. Il est bien plus probable que, la guerre finie, ON OUBLIERA ses enseignements ; ON OUBLIERA les démonstrations péremptoires qu'elle a fournies au sujet de la vanité de la morale ; et, sous le manteau de la sainte hypocrisie, on reviendra aux croyances commodes que nous sommes incapables d'abandonner, et qui resteront en vigueur jusqu'à ce qu'un nouveau cataclysme en montre la caducité !

∗
∗ ∗

Ce que je viens de dire des femmes et des enfants, on peut le répéter pour les *neutres*. Mais ici, la convention est plus évidente ; on sait bien que des peuples neutres ne peuvent exister que si les peuples armés qui les entourent ont décidé, par intérêt commun, de les laisser vivre en paix, tandis que, pour les malades et les vieillards, on dissimule les conventions sous le manteau troué d'une vieille morale qui donne des droits sacrés.

Les neutres ne peuvent donc exister, en tant que neutres, que si leurs puissants voisins ont un intérêt commun à respecter leur neutralité. Et, quand la guerre éclate entre ces voisins redoutables, il peut arriver que, leurs intérêts cessant d'être communs, l'un d'eux ait avantage à déchirer le chiffon de papier qui garantissait, comme toujours, des droits sacrés !

Il est très avantageux pour les neutres que les puissances antagonistes au milieu desquelles ils sont répartis se considèrent comme des forces militaires équivalentes. Sans cela, la neutralité n'est plus une garantie. Rappelez-vous l'histoire récente de la Bosnie-Herzégovine ! Les Austro-Allemands ont montré les dents à l'Europe et ont annexé purement et simplement ce pays, en faisant remarquer qu'ils avaient de la poudre sèche. L'Europe, qui apparemment, n'en avait pas autant qu'eux, a trouvé que *c'était très bien*, et n'a pas bougé ! Cela a encouragé les empires du centre, et ils ont voulu faire la même chose pour la Serbie. Cette fois cela n'a pas marché, et, depuis deux ans et demi, on tue des millions et des millions d'hommes, parce qu'on a trouvé que c'était tout de même trop fort, et qu'on a craint la continuation de procédés d'intimidation qui pouvaient mener loin. Aujourd'hui la quadruple entente a autant et même plus de poudre que les peuples germains, mais les peuples germains, déçus dans leurs rêves de conquête totale du monde, sont devenus méchants et coulent les bateaux espagnols et norvégiens. La condition de neutre est bien précaire. Je ne sais pas si, après cette terrible guerrre, un pays aura encore le courage de se déclarer neutre ! Il ressemblerait à un troupeau de moutons ayant la prétention de vivre en paix sur un plateau herbeux entouré de forêts pleines de loups ! Il faudra des conventions bien solides entre les belligérants actuels pour que des nations, dites neutres, puissent vivre en paix sans avoir chaque jour la crainte du lendemain. Mais, depuis le fameux chiffon de papier de la Belgique, on ne se fiera guère à des conventions entre peuples dont l'un peut se croire un jour assez fort pour déchirer les traités ! Et les pauvres neutres seront comme les pauvres moutons *qui ont toujours peur !* Il vaudrait peut-être mieux avoir un revolver dans sa poche ! Et cela se produit de plus en plus ! L'Angleterre est devenue une puissance militaire de premier ordre ; la Suisse, la Hollande, montrent les dents, et se déclarent prêtes à défendre toute violation de leur territoire ! Mais alors, ce n'est plus de la neutralité !

Tout cela n'est pas encourageant ! La société humaine qui se croit (quand il fait beau) fondée sur des principes moraux éternels et divins, restera ce qu'elle a toujours été, une pauvre société médiocre, dont les clairvoyants devinent la médiocrité, mais qui semblera parfaite aux imbéciles, sous son splendide manteau d'hypocrisie.

* * *

A propos de cette question des non belligérants, des femmes et des enfants, de ce qu'on appelait autrefois « les bouches inutiles » dans les sièges des places fortes, je voudrais parler d'un problème qui a la propriété de soulever, quand on y touche, la colère de tout le monde. Je n'apporte d'ailleurs pas de solution à ce problème ; je n'en ai pas ; je me contenterai d'en discuter l'énoncé en tenant compte de ce que la guerre nous a appris touchant la non valeur de la morale.

« Croissez et multipliez », a dit aux premiers humains le Dieu dont de grands hommes comme Moïse se sont servis pour donner une base solide à leur législation. Et cela est devenu une loi morale ! J'ai déjà parlé tout à l'heure de l'intransigeance des *honnêtes gens* quand il s'agit des questions sexuelles. Cette phrase de la Bible a créé un chapitre de morale dont les croyants à courte vue ont fait la loi par excellence, celle à laquelle on n'a pas le droit de toucher sous peine d'être un scélérat.

Moi qui crois à l'origine historique et à la valeur momentanée des conventions sociales, je ne puis m'empêcher de constater que, depuis le paradis terrestre, alors qu'il y avait, nous dit-on (quoique, même dans la Bible, ce ne soit pas clair), un seul homme et une seule femme, les conditions ont changé sur notre boule ronde. Il y a aujourd'hui environ deux milliards d'êtres humains, et le Dieu de Moïse doit être content ; on a suivi ses commandements ! Il y a tant d'hommes qu'on en trouve partout ; la Terre entière en est couverte, et les autres espèces animales n'ont plus de domaine ! Dans ma jeunesse, j'ai encore fait avec Auguste Pavie, un voyage d'exploration. On n'en fera plus ! Il y a partout des hommes, des chemins de fer, des téléphones, etc.. Faut-il persévérer dans cette voie ?

A la question religieuse s'ajoute ici une question de nationalité.

Si nous n'avons pas beaucoup d'enfants, nos voisins en auront plus que nous, donc plus de chair à canon, et il nous battront ! L'existence même des nationalités dépend de la solution que l'on donnera au problème de la repopulation.

Beaucoup de gens croient d'autre part que l'augmentation considérable du chiffre de la natalité en Allemagne est une des causes de la guerre actuelle.

Comment sortir de cette question infiniment complexe ? Dans toute solution qu'on y proposera, il y aura du pour et du contre. Si tous les ménages du monde se mettent à avoir six enfants, la vie sera impossible pour tous les hommes avant peu ; si d'autre part, les familles de six enfants sont la règle dans un pays, alors que les ménages du pays voisin n'ont qu'un rejeton ou n'en ont pas du tout, il est bien évident que le premier pays ne tardera pas à déborder et à absorber le second. Tout cela est bien compliqué !

Il est vrai que si l'humanité se développe trop, la question des nationalités ne se posera plus, car les hommes disparaîtront purement et simplement parce que la terre ne pourra plus les nourrir. Mais il ne faut pas voir dans cette affaire une question morale ; c'est une question économique, et la paléontologie nous fournit un exemple curieux de ce qui arrive aux espèces trop prolifiques :

A toutes les époques géologiques, nous constatons un même phénomène très impressionnant : pendant la période primaire il y avait tant de trilobites et d'oursins blastoïdes et cystides, qu'on en trouve partout à l'état fossile. Les trilobites, les blastoïdes et les cystides ont disparu brusquement sans laisser de descendance.

A la période secondaire, ç'a été le tour des ammonites, des bélemnites et des grands sauriens. Ils ont disparu sans laisser de trace etc., etc...

Aujourd'hui, ce sont les hommes qui encombrent le monde (1) Vont-ils disparaître à leur tour ? Dispa-

1. Le jour même où j'écris ces lignes, voilà les États-Unis qui vont déclarer la guerre au Mexique ! L'incendie ne se limite plus à l'Europe.

raîtront-ils en s'entretuant comme ils semblent avoir commencé à le faire, ou sous l'influence d'une maladie mortelle pour leur espèce, et qu'on ne pourra fuir nulle part puisqu'il y a des hommes partout ? Voilà une possibilité à laquelle n'ont sans doute pas songé les gens qui préconisent la repopulation à outrance ? Pour ma part, je me contente d'avoir posé la question ; mais je n'ai aucune réponse à proposer. Le problème est trop complexe !

DEUXIÈME PARTIE

CHAPITRE III

Conciliation entre les deux méthodes de connaissance

Dans le premier chapitre de la première partie de cet ouvrage, je n'ai pas dissimulé ma préférence pour la méthode des sciences physiques qui, seule, *donne* des résultats féconds, et qui est basée sur la mesure. La méthode spiritualiste ou anthropomorphique nous apprend à nous repaître de mots flatteurs, sans que nous puissions jamais en tirer une application pratique. Cette méthode est d'une parfaite stérilité.

En outre, contrairement à ceux de la méthode des sciences physiques, les résultats qu'elle nous fournit ne sont pas communicables. Ou du moins, ils ne le sont qu'en vertu d'un *acte de foi* qui ne permet aucune démonstration. Voici, par exemple, la théorie de l'âme immortelle, agent invisible et insaisissable de toutes les manifestations de notre vie C'est grâce à la croyance à cette âme immortelle que l'on peut inculquer aux hommes la foi dans une justice qui *n'est pas de ce monde*. Et tant qu'il n'y a pas de guerre mondiale ou de révolution, on fait semblant de croire à l'existence de ces entités, sur lesquelles le temps n'a pas de prise, lui qui détruit tout ! Cependant, depuis des siècles, la croyance à l'âme n'a jamais reçu de démonstration ; (je laisse de côté les « expériences » des spirites qui sont faites par des hommes dépourvus de méthode scientifique et remplis de ce qui est la négation de cette méthode scientifique, « la volonté de croire »). Cette croyance n'a pas reçu de démonstration ; elle n'en aura jamais ; mais on l'adopte cependant à cause de sa commodité. De même la croyance à la liberté absolue que les philosophes prêtent à l'homme, est un article de foi qui ne comportera jamais aucune possibilité de démonstration, puisque les événements ne se passent qu'une fois, et qu'il sera par conséquent toujours interdit à un être vivant quelconque de prouver qu'il aurait pu, à un moment donné, vouloir autre chose que ce qu'il a effectivement voulu et exécuté. C'est là la grande force des spiritualistes ; ils ne peuvent pas montrer, cela est vrai, que leur croyance repose sur quelque chose de solide, mais on ne pourra jamais non plus leur démontrer que leur foi est absurde. Le spiritualisme continuera donc à régir le monde, cela est certain, car il s'apprend avec un minimum d'effort, tandis que les chemins de la science sont longs et rudes.

Ce que je veux montrer dans ce chapitre, c'est que en partant de la méthode des sciences physiques, on est conduit à des vérités, vérifiables et communicables, qui entraînent la négation fatale de toutes les affirmations anthropomorphistes, *mais qui permettent de comprendre comment les hommes sont victimes de l'erreur spiritualiste*. Là donc, la contradiction disparaît, car elle devient seulement un mirage; les hommes sont, comme tous les corps de la nature, soumis au déterminisme universel qui ne subit jamais le moindre accroc, mais leur structure même, et le fait qu'il sont des îlots limités dans le monde, nous font comprendre comment et pourquoi ils sont fatalement amenés à croire à une liberté et à une éternité que la physique contredit.

Au contraire, si l'on part de la méthode anthropomorphique, on est conduit d'emblée à admettre, comme point de départ de toute philosophie, la croyance immédiate à la liberté absolue des êtres vivants, et à l'existence en eux d'un principe éternel. Or cela est la *négation* des conquêtes de la physique.

Et ici, ce n'est plus une contradiction apparente, c'est une contradiction définitive. Le physique, avec ses méthodes *vérifiables* nous démontre le déterminisme universel qui ne permet aucune liberté. La philosophie, qui emploie des méthodes différentes, nous conduit au contraire, dès le début, par des considérations qui *ne permettent aucune vérification*, à croire à la liberté des êtres vivants, à leur faculté d'introduire des *commencements dans le monde*. Là, il n'y a plus à dire qu'il y a contradiction illusoire, car les vérités de la physique sont vérifiables et communicables. Il faut jongler avec les mots pour ne pas s'apercevoir de cette contradiction insupportable.

Je vais montrer, dans les deux paragraphes qui suivent, et par des narrations empruntées à la vie courante, comment il est facile de comprendre que l'homme, qui n'est pas libre, a l'illusion de faire des commencements absolus.

Paragraphe premier

L'objectif

Fulgence, se promenant ce matin pour prendre l'air, voit par hasard un de mes livres à la devanture d'un libraire ; il dit aussitôt à haute voix : « Tiens ? ce pauvre Félix ! Pierre m'a appris qu'il est souffrant je vais aller prendre de ses nouvelles ». Il tourne l'angle du boulevard Saint-Michel, et se met en marche vers l'endroit où il sait que je demeure.

Mon ami Fulgence est d'une très ancienne lignée ! L'œuf dont il est provenu à travers mille et mille vicissitudes fut le produit de la fusion d'un peu de la substance de son père et d'un peu de celle de sa mère ; or ses parents eux-mêmes avaient des parents qui avaient des parents, et ainsi de suite en remontant dans des siècles de siècles. Toute cette lignée continue a traversé des événements innombrables, qu'on ne pourrait raconter que dans plusieurs millions de volumes ; mais ces volumes, personne n'est capable de les écrire, car les documents de l'histoire à raconter n'ont pas été conservés. Nous n'en sommes pas moins certains que les événements en question se sont déroulés successivement, puisque les ancêtres de Fulgence ont vécu à travers le monde, au moins jusqu'à l'époque de leur reproduction. Mon ami Fulgence est donc la continuation d'une lignée ininterrompue et très ancienne, au cours de laquelle il n'y a jamais eu de commencement, mais toujours des continuations. Malheureusement, on en ignore le détail. Fulgence ignore lui-même la plus grande partie des événements qu'il a traversés depuis sa naissance, et auxquels il doit cependant de savoir ce qu'il sait, d'être devenu ce qu'il est ; de tous ces événements passés, il ne reste plus qu'un document, fort difficile à lire, il faut l'avouer ; ce document, c'est Fulgence lui-même, dont la structure dépend uniquement de ce que lui ont légué ses parents en fabriquant son œuf initial, et de *tout* ce qu'il a fait depuis sa naissance sous l'influence de *toutes* les circonstances qu'il a traversées. C'est grâce à cette structure actuelle, avec les innombrables mécanismes qu'elle comprend (organes, souvenirs, etc...) que, voyant tout à l'heure mon nom sur un bouquin, il a prononcé la phrase écrite plus haut et a pris le chemin de ma maison.

Il *aurait* pu faire tout autre chose, me direz-vous ? Il *aurait* pu se dire : « Le temps est beau, je continue ma promenade ; j'aurai par Pierre des nouvelles de Félix ; » il *aurait* pu prendre toutes les décisions que vous êtes capable d'imaginer, et qui sont du domaine des choses possibles. *Elles ne sont plus possibles, puisqu'elles n'ont pas été prises.* Le temps s'écoule, et les choses ne se passent qu'une fois ; elles se passent d'une certaine manière et non d'une autre. Quand vous dites que telle autre chose *aurait pu* se produire, vous voulez seulement dire par là que *vous n'en auriez pas été étonné*, parce que, ne connaissant pas à chaque instant *tous* les agents qui déterminent les phénomènes auxquels vous assistez, vous ne pouvez pas les prévoir avec précision.

En fait, les choses se passent une fois et une seule, et une fois qu'elles sont passées, personne n'y peut rien ; quand les partisans de la liberté humaine répètent à l'envi : « X,.. a fait ceci, mais il *aurait* pu faire autre chose s'il avait voulu » ils répètent une des nombreuses âneries que permet d'exprimer correctement notre langage, parce que notre langage est l'héritage de nos ancêtres ignorants. Le père et la mère de Fulgence *auraient* pu ne pas coucher ensemble le jour où Fulgence a été conçu ; et alors, mon histoire n'aurait plus de sujet.

En fait, ils ont fabriqué un œuf, d'où est sorti Fulgence (et non un autre), et Fulgence, ayant vécu des années et des années à travers des vicissitudes innombrables, s'est trouvé tel, ce matin, que la lecture de mon nom l'a décidé à me venir voir. Voilà tout

Le boulevard Saint-Michel aurait pu être percé

dans une autre direction ; en fait, il est ce qu'il est, et l'on peut raconter son histoire objective. Les trottoirs sont couverts d'un asphalte dont on connaît l'origine et bordés avec du granit de mon pays breton ; chaque morceau de pierre a son histoire, chaque maison aussi, comme aussi chaque arbre. On peut raconter comment les choses actuelles sont devenues ce qu'elles sont, sans rencontrer jamais la nécessité d'un commencement ; les pierres ont été extraites de carrières préexistantes, les arbres sont issus de graines ou de boutures qui provenaient d'arbres antérieurs, les hommes proviennent de parents, etc. Un observateur très bien outillé et qui pourrait tout voir se rendrait compte de la possibilité de raconter l'histoire totale des choses sans faire intervenir jamais de commencement absolu. Même si un bolide tombe dans un champ, nous savons qu'il existait ailleurs avant de tomber sur la Terre ; le monde est très grand, mais nous savons bien aujourd'hui que quelque chose qui semble apparaître quelque part n'est jamais que la continuation d'autres choses qui existaient antérieurement peut-être sous d'autres formes. Nous assistons à des transformations et non à des commencements ; l'histoire objective du monde est celle d'un phénomène qui *continue*.

Dans ce phénomène qui continue, et où des myriades d'êtres vivants jouent leur rôle parmi des myriades d'agents physiques bruts, je m'intéresse aujourd'hui à Fulgence. Mon ami suit le Boulevard Saint-Michel, guidé par le trottoir et les maisons, par la connaissance surtout qu'il a acquise antérieurement de ces lieux familiers. Son attention est détournée mille fois par de menus incidents, mais il se trouve qu'aucun de ces incidents n'a pour résultat de modifier sa décision primitive ; il arrive donc chez moi sans encombre, monte jusqu'à mon palier, et presse du doigt le bouton de la sonnette électrique ; ce bouton, lorsqu'on le presse, ferme un circuit comprenant une pile et une sonnerie ; le geste de Fulgence détermine donc la mise en mouvement du vibrateur de cette sonnerie, vibrateur dont la boule terminale vient heurter à chaque oscillation le bord sonore d'un timbre de bronze. Voilà finie mon histoire objective. Elle est banale ; on peut en raconter chaque jour des millions d'aussi intéressantes ; elle est le modèle des narrations dans lesquelles on prend pour héros un individu autre que soi-même, narrateur.

PARAGRAPHE 2

Le Subjectif (1)

Drelin, drelin, drelin ! le carillon de la sonnerie de ma porte me fait brusquement sauter dans mon fauteuil. Je reposais paisiblement, jouissant du bien-être des convalescents ; je jetais parfois les yeux sur une page d'un livre aimé, et quelques lignes de lecture suffisaient à mettre ma pensée en mouvement,

1. Ce chapitre sera long à cause des foules de sottises accumulées par les philosophes de tous les temps. On trouvera que j'insiste sur des choses enfantines, si l'on n'a pas lû les ouvrages de philosophie.

agréablement et sans effort, sans suite aussi d'ailleurs, dans un monde voisin de celui du rêve. Sur ma table, une main amie avait déposé une rose dont je jouissais par le nez en même temps que par les yeux. Et je songeais :

« Cette rose est belle ; une fleur quelconque est belle pour moi qui aime la vie végétale sous toutes ses formes. Pourquoi est-elle belle ? Parce qu'elle est vraie ! Elle est vraie parce qu'elle est vivante et que, étant vivante, elle s'est construite elle-même d'après sa nature, suivant les circonstances qu'elle a traversées. Je suis sûr qu'elle est vraie, qu'elle est possible, puisqu'elle est vivante. Tandis que, devant un tableau, devant un portrait par exemple, j'ai toujours peur d'être trompé. Ce nez et cette oreille que le peintre a dessinés peuvent-ils appartenir à la même tête vivante ? Devant certains chefs-d'œuvre, aucune hésitation n'est possible ; je n'ai jamais douté que la mère de Rembrandt fût *exactement* telle que son fils l'a reproduite dans cet admirable portrait qu'aucun autre ne dépasse, etc., etc. »

Toutes ces réflexions, et bien d'autres que j'ai oubliées, se succédaient dans un monde accessible à moi seul et où personne ne peut entrer même avec mon assentiment. Je puis bien exprimer objectivement, par des paroles approchées, quelques-uns des événements qui se passent dans ma subjectivité, mais la traduction n'est jamais fidèle, et d'ailleurs, je n'en fais connaître que ce qu'il me convient de dire.

Dans ce monde qui est mon moi, le carillon de la

sonnette électrique apporte subitement un trouble violent, un commencement absolu. Il n'y avait pas de commencement absolu dans l'histoire objective de Fulgence; il y en a des quantités, et à chaque instant, dans mon histoire subjective. Un objet qui frappe subitement ma vue, un son, une odeur, un coup qui arrivent à moi sans que je m'y attende sont, dans ma vie subjective, autant de commencements absolus.

Et puis, ma vie subjective est limitée dans le temps et dans l'espace.

Je disais tout à l'heure que Fulgence descend d'une très ancienne lignée! Je suis bien moins noble que lui. Mon moi ne remonte, dans le temps, qu'à mes plus anciens souvenirs; ma noblesse n'a guère plus de quarante ans. Encore sont-ils bien rares, ceux de mes souvenirs qui remontent à quarante ans! Parmi les événements infiniment nombreux que j'ai traversés quand j'avais six ou sept ans, et qui m'ont impressionné alors, un ou deux, par hasard, ont, je ne sais pourquoi, imprimé en moi une trace plus profonde, et qui dure encore, notablement altérée d'ailleurs, j'en suis sûr. Puis les années se sont succédé, et le nombre des faits qui ont marqué dans ma structure est devenu prodigieux, mais toujours sans règle; quelques accidents de peu d'importance ont laissé une trace profonde; d'autres beaucoup plus considérables, à mon avis, au moment où ils se sont produits, ont disparu sans laisser de sillage. Tel que je suis, aujourd'hui, à quarante-sept ans, je porte en moi, inscrit je ne sais où, au moyen de je ne sais quels hiéroglyphes, tout un ramassis de vieux ou jeunes souvenirs, plus ou moins exacts, et qui sont les traces laissées dans ma structure par les événements extérieurs que j'ai traversés et qui m'ont influencé. Quand je suis seul, les yeux clos, dans le silence, ce sont des bribes de ces vieilles traces, de dates et d'origines si diverses, qui, éveillées pour des raisons dont j'ignore le détail, constituent ce que j'appelle ma pensée ou ma rêverie. Ces traces sont innombrables ; elles m'appartiennent en propre, faisant partie de ma structure et de ma structure seule ; elles sont, à chaque instant, ce que j'appelle *moi*, par opposition avec le monde qui m'entoure.

On pourrait être embarrassé sur la nature et l'origine de ces souvenirs dont les assemblages fortuits constituent nos rêveries de chaque instant, (et, en réalité, c'est sur cette question que les hommes ont dit, depuis toujours, le plus grand nombre de sottises ; c'est cette question qui a fourni l'aliment le plus important au mysticisme antiscientifique) on pourrait, dis-je, éprouver quelque embarras au sujet de la genèse de ces inscriptions qui se font dans notre individu au cours de la construction quotidienne de cet individu qu'est-ce que nous appelons notre vie, si, précisément, l'expérience la plus familière, la plus fréquente, la plus « de chaque instant » ne nous renseignait sans cesse sur la construction progressive de notre personne subjective.

Une pierre se détache d'un mur auprès duquel je suis assis. Si elle ne tombe pas sur moi, si elle ne fait pas, en tombant, un bruit qui arrive à mon oreille, si elle se meut hors de mon champ visuel du moment, si elle n'ébranle pas l'air au point que j'en sente le vent, *j'ignore sa chute*; voilà un événement du monde, un événement réel et que d'autres peuvent connaître, qui est pour moi comme s'il n'avait pas été. Il se passe à chaque instant des milliards de faits semblables qui, directement au moins, ne produisent pas de trace en moi, parce qu'ils n'agissent pas sur moi.

Mais que la pierre me tombe sur le pied, je ressens une vive douleur dont tout mon être est ébranlé, et qui, par suite, laissera en moi un souvenir plus ou moins durable. Il y a, pour moi, une différence énorme entre deux phénomènes qui, cependant, se ressemblent beaucoup : une pierre qui tombe sur mon pied, ou une pierre qui tombe sur la terre à côté de mon pied. De même pour une balle qui parcourt l'espace avec une grande vitesse, et qui passe près de moi sans me toucher ou qui traverse une partie de mon corps. Ces phénomènes de contact donnent une importance infinie à la surface qui limite mon corps, et qui sépare le monde de moi. Si je me décris objectivement, comme je décrivais tout à l'heure mon ami Fulgence (et cela m'est facile si je regarde dans une glace où je me vois comme un étranger), je remarque que je suis limité par un contour, par un sac de cuir qui a une forme spéciale, sans cesse variable, mais à laquelle, cependant, mes amis me reconnaissent, parce qu'elle change *lentement*, ce qui est une des caractéristiques de la vie (en dehors des époques de révolution appelées métamorphoses). Tout ce qui se passe en dehors de ce contour sans le toucher, m'est et me demeure étranger ; tout cela est pour moi comme si cela n'était pas. J'entends les protestations indignées du lecteur : « Mais cependant, cet aéroplane qui passe à 2.000 mètres d'altitude, et que je vois, ne me touche pas, et il ne m'est pas étranger, puisque je le vois ; cet orgue de barbarie qui moud, sous ma fenêtre, l'air de *la Reine de Saba* ne me touche pas, et cependant il m'ennuie bien : il ne m'est donc pas étranger, etc... » Tout cela n'est pas vrai ; l'aéroplane vous touche parce qu'il est dans votre champ visuel ; l'orgue de barbarie vous touche parce qu'il est dans votre champ auditif, etc... Dire qu'un objet est dans votre champ visuel, cela veut dire qu'il émet de la lumière qui, sans obstacle interposé, vient *toucher*, pénétrer et impressionner votre œil ; dire qu'une source sonore est dans votre champ auditif, cela veut dire qu'elle émet des sons qui viennent *toucher* et impressionner votre oreille ; il y a plusieurs manières de toucher.

Mon corps est un sac clos, entouré d'une paroi de cuir résistant que j'appelle ma peau. Ma peau me sépare du monde extérieur et empêche, par exemple, que l'eau pénètre en moi si je me baigne dans une rivière ; mais, grâce à certaines particularités que les savants connaissent, et qu'il est inutile de détailler ici, ma peau n'est pas imperméable à tout ce qui vient de l'extérieur. Si je suis nu devant un foyer ardent, je me sens pénétrer par une chaleur agréable ; si je reçois un coup de bâton, j'en éprouve une sensation pénible, etc... La chaleur et les chocs peuvent m'impressionner *à travers* ma peau. Il n'en est pas de même de la lumière ; si je tourne le dos à un beau paysage, je l'ignore totalement. Mais il y a, dans le mur de peau qui m'enclot de toutes parts, certaines fenêtres particulières qui sont construites de manière à laisser pénétrer en moi, dans des conditions infiniment avantageuses pour la perception, certains événements extérieurs qui sont sans action aucune sur le reste de mon sac de cuir. Par mes yeux, je reçois des trillions et des trillions de vibrations lumineuses grâce auxquelles s'inscrit en moi une traduction merveilleusement précise des événements qui se passent dans mon champ visuel ; par mes oreilles, je suis au courant des particularités dites sonores qui se manifestent auprès de moi ; par mon nez, j'ai une connaissance de certaines émanations chimiques que je distingue avec une grande précision, (1) etc...

Ainsi, tant par mon sac de cuir lui-même (chaleur, contact, etc...) que par les fenêtres sensorielles dessinées en certains points de ce sac (vision, audition, olfaction, etc...) IL ENTRE EN MOI des traductions de certains événements extérieurs, traductions qui, une fois entrées en moi, font partie de moi.

Comment se fait-il que ces traductions pénétrant en moi me donnent du monde extérieur une connaissance suffisante pour que je puisse m'y mouvoir sans danger, l'histoire de l'évolution des espèces a donné

1. J'ai longuement détaillé l'histoire de nos fenêtres sensorielles dans les premiers chapitres de mon livre, *les Lois naturelles*

à cette question une réponse bien plus satisfaisante que celle qu'on aurait pu souhaiter de prime abord (1). Mais, de tout cela, nous ne nous occupons pas ici.

Ce qui est important, ce qui est primordial, et que beaucoup de philosophes ont méconnu parce qu'ils ignoraient la physique, c'est cette vérité évidente pour tout observateur dépourvu d'idées préconçues :

Nous ne connaissons que ce qui est en nous, dans la limite de notre sac de cuir.

Nous pouvons, par suite d'habitudes accumulées au cours de l'évolution de notre lignée, tirer de ces documents qui sont en nous, des conclusions relatives à ce qui se passe hors de nous, mais c'est là un phénomène secondaire ; nous ne connaissons que ce qui est en nous. Je vois Sirius et je puis même désigner cette étoile avec mon doigt ; mais que je ferme l'œil ou qu'on mette un écran devant, je ne verrai plus rien ; quand je dis que je vois Sirius, c'est donc que je connais la pénétration en moi d'une lumière venue de sa direction, et que je tire de cette pénétration une conclusion relative à la place de cette étoile dans le ciel.

Sans cesse, surtout pendant la veille, il pénètre en moi par ma peau et par mes fenêtres sensorielles des quantités innombrables de particularités d'origine extérieure et qui sont pour moi des documents relativement au monde dans lequel je vis. Tous ces documents s'inscrivent dans ma structure, en hiéroglyphes lisibles pour moi seul, et dont quelques-uns

---

1. Voyez dans *les Influences ancestrales* l'origine de la logique.

s'effacent presque tout de suite, tandis que d'autres se marquent plus profondément et deviennent des souvenirs plus ou moins durables.

Ainsi, dans le sac de cuir qui me sépare du monde extérieur et qui limite mon moi, non seulement il entre sans cesse des documents nouveaux, ce que j'exprime en disant que je vois, que j'entends, que je sens, etc..., mais, en outre, il existe depuis que dure mon existence subjective, c'est-à-dire depuis une quarantaine d'années, des milliards et des milliards d'hiéroglyphes, sans doute souvent à demi-effacés, sans doute aussi toujours transformés, mais qui ont été, au moment où ils ont pénétré en moi, des documents sur le monde extérieur, dont j'ai salué l'entrée dans mon sac clos en me disant, comme je continue à le faire à chaque instant : « Je vois, j'entends, je sens, etc... » Cette accumulation formidable de documents hiéroglyphiques à mon usage personnel, c'est mon patrimoine, c'est ma subjectivité ; en un mot, *c'est moi* ! Et c'est *moi pour moi* ; ce n'est pas moi pour les autres qui ne connaissent que les déformations extérieures de mon sac de cuir, ce qu'ils appellent mes mouvements, mes attitudes, mes gestes. Même ma parole, par laquelle il semble que je livre aux étrangers le secret de mon for intérieur, n'est qu'une série de gestes sonores dans lesquels je traduis d'une manière très imparfaite une petite partie de ce qui se passe en moi.

J'ai donc une existence subjective, limitée à des faits qui se passent dans le contour de mon sac de cuir, et qui est ma vie personnelle, ma vie propre ;

c'est dans cette existence subjective que je suis heureux ou malheureux, que je jouis ou que j'ai mal ; si expressifs que soient mes gestes, les étrangers ne peuvent pas pénétrer en moi. Il y a pour moi deux choses distinctes : moi et le monde qui m'entoure. Ce monde intérieur qui est moi, le monde de mes joies, de mes rêveries, de mes pensées, de mes douleurs, de mes rêves, ce n'est pas seulement un ensemble prodigieusement complexe, dans lequel il entre sans cesse de nouveaux documents pendant que d'anciens s'éteignent, c'est aussi le siège d'un bouillonnement incessant qui ne permet pas un repos d'une seconde. Ce bouillonnement incessant, entretenu par le fonctionnement de tous mes organes, circulation du sang et de la lymphe, activité du foie, du rein, du poumon, etc... etc..., c'est ma vie même, car il a fallu toute la sottise des physiologistes animistes pour séparer la vie du fonctionnement.

Même quand j'ai l'air de reposer dans mon fauteuil de convalescent, mon corps est le siège d'une activité formidable auprès de laquelle, toute proportion d'échelle gardée, le mouvement des rues de Paris aux heures d'encombrement n'est qu'un spectacle d'une infinie tranquillité. Cette activité prodigieuse, et qui ne s'arrête même pas pendant le sommeil, a pour résultat de remuer et de ressasser sans interruption les uns ou les autres des hiéroglyphes récents ou anciens qui constituent mon patrimoine subjectif, et c'est là ce qui, avec l'arrivée constante de documents directs par mes organes des sens, constitue ma pensée, mes rêveries, ma vie subjective, en un mot.

Chose curieuse et que la loi biologique d'habitude explique très aisément (1), les mouvements qui, matériellement parlant, sont les plus considérables de mon organisme, restent ordinairement inconnus de moi. Je ne sais pas que mon sang circule (la découverte de la circulation du sang a été une des plus difficiles de la physiologie) ; je ne sais pas que mon foie et mon rein secrètent, etc., etc. Je ne connais que ce qui apporte un changement dans l'état de mouvement habituel à mon individu. Au fond, je ne connais que des commencements absolus.

Un petit caillou grossissait traîtreusement dans mon rein, et je ne m'en doutais pas. Voilà que, devenu assez gros, il est charrié vers mon uretère, et subitement, je ressens une des douleurs physiques les plus intenses qu'on puisse supporter, une colique néphrétique. Objectivement, la formation de ce caillou est, comme tous les phénomènes objectifs, un phénomène qui continue et dans lequel aucun commencement absolu ne saurait être découvert. Mais, brusquement, en passant dans un urètre trop étroit, il éveille dans ma subjectivité, *où rien n'avait préparé cet éveil,* une douleur lancinante insupportable ; cette douleur est, dans ma subjectivité où rien ne la préparait, quelque chose de nouveau, quelque chose qui commence vraiment.

De même, que, pour telle ou telle raison dont la continuité objective peut se découvrir, la circulation s'embarrasse ou s'accélère dans telle ou telle partie

---

1. Voyez *la Science de la vie*. Théorèmes VIII et IX.

de mon cerveau, il en résultera des mouvements d'hiéroglyphes qui auront pour moi le caractère de quelque chose de nouveau.

Ainsi, soit d'événements qui se passent à l'intérieur de mon corps et qui rompent la monotonie de son fonctionnement normal, soit d'événements extérieurs à moi et dont l'image visuelle ou sonore pénètre en moi par les fenêtres sensorielles appropriées, il arrive sans cesse à ma subjectivité des éléments vraiment nouveaux, des commencements absolus ; je ne veux pas m'étendre ici sur le fait des éveils de conscience, parce que j'ai longuement étudié cette question ailleurs (1), mais je crois que l'on peut dire, presque sans exagération, en pensant à la loi biologique d'habitude : « que nous connaissons uniquement des commencements absolus. »

Voilà donc, à un certain point de vue (et ce n'est pas le seul !) une différence fondamentale entre le monde objectif et mon monde subjectif. Dans le monde objectif, il n'y a que des phénomènes qui continuent ; la physique nous apprend que rien ne s'y perd et que rien ne s'y crée. Dans ma subjectivité, au contraire, il entre sans cesse des choses si nouvelles, si imprévues, que je dois en être constamment émerveillé ; tout y commence ou y recommence à chaque instant.

Cette différence fondamentale est en rapport immédiat avec une autre différence évidente pour qui sait voir.

1. V. *Science et conscience.*

Ma subjectivité est limitée ; elle se borne à quelques-uns des événements qui se passent dans l'intérieur du sac de cuir qui me sépare du reste du monde ; jamais, rien ne pénètre dans ma subjectivité sans que quelque chose se passe à l'intérieur de mon sac de cuir. Tout ce qui se passe *à l'extérieur* lui est étranger ; il faut qu'une émanation quelconque des faits extérieurs pénètre en moi pour que j'en aie connaissance, et je ne connais jamais que ce qui a pénétré en moi Aussi tout est-il pour moi commencement absolu. Voici une ondulation lumineuse qui marche dans l'éther depuis Sirius ; je l'ignore, voilà une phrase sonore qui se propage dans l'air depuis l'orgue de barbarie placé sous ma fenêtre ; je l'ignore également. Je les ignore, elles n'existent pas pour moi, jusqu'au moment où, si les contingences le permettent, elles viennent frapper à mes fenêtres sensorielles ; alors brusquement, je les connais quand elles entrent en moi. Auparavant, elles n'existaient pas pour moi. Elles commencent donc au moment où elles ont pénétré dans mon sac de cuir ; et si le hasard veut qu'elles ne rencontrent ni mon œil, ni mon oreille, elles sont pour moi comme si elles n'avaient pas été. Mais, à partir du moment où elles sont entrées en moi, elles font partie de moi pour un temps plus ou moins long, suivant que, par suite des conditions réalisées en moi au moment précis où elles sont entrées, elles ont imprimé dans ma structure des traces plus ou moins profondes ; elles deviennent des souvenirs, des hiéroglyphes, qui participent comme toutes les autres parties de mon individu à la prodigieuse et incessante activité qui est ma vie, et au cours de laquelle tout se transforme plus ou moins vite dans ma structure personnelle.

Au contraire, le monde objectif est illimité, ou, du moins, il est tellement grand pour nous qui l'observons avec nos moyens humains, que lorsqu'un événement nous paraît commencer parce qu'il arrive dans la sphère de notre observation personnelle, nous sommes toujours sûrs qu'il vient d'ailleurs ; tout se transforme, mais tout se continue. Les lois de la conservation de la matière et de la conservation de l'énergie ne souffrent aucune exception ; il y a des changements ininterrompus, mais jamais de commencements. L'état du monde maintenant est la conséquence naturelle de ce qu'était le monde il y a un instant et de tout ce qui s'est fait depuis un instant suivant les lois intangibles de la physique ; en d'autres termes, le monde a une histoire et contient tous les facteurs de son histoire ; celui qui serait assez bon observateur pourrait raconter cette histoire sans faire intervenir jamais, dans sa narration, un élément nouveau. Il n'y a pas de commencements, mais toutes les choses se transforment en des choses *équivalentes ;* voilà ce que les hommes ont appris depuis cent ans, eux qui ne sont eux-mêmes que de pauvres transformateurs qui se transforment sans cesse !

Le monde objectif est illimité ; il n'est même pas limité à mon sac de cuir, dans lequel je me sens cependant bien chez moi. Ma subjectivité est limitée à mon sac de cuir, mais cela n'empêche pas que le contenu de mon sac de cuir fasse partie du monde extérieur au même titre que tous les autres objets qui m'entourent ; je m'en aperçois bien si je reçois une balle qui me traverse sans aucun respect pour ma personnalité. Le rayon lumineux qui frappe mon œil ne s'anéantit pas ; il se transforme en traversant les milieux réfringents et sensoriels de mon appareil optique ; son énergie collabore à la série de changements qui se passent en moi sur son trajet, et on peut en retrouver l'équivalent dans les hiéroglyphes que j'appelle mes souvenirs, comme on peut retrouver dans les transformations des corps sensibles de la plaque photographique l'équivalent de l'énergie lumineuse qui y a imprimé l'image des objets extérieurs.

Pour un observateur étranger et suffisamment bien outillé, mon mécanisme personnel fait partie du monde objectif au même titre que tous les autres objets, vivants ou non vivants. Les gestes que je fais et qui sont objectivement connaissables à tous les observateurs, sont la seule manifestation immédiatement apparente des transformations qu'opèrent en moi les agents venus du dehors ; mais, avec un peu de persévérance et de réflexion, on peut, sinon connaître le détail des transformations qui se passent dans mon sac de cuir, du moins montrer que les lois de la conservation de la matière et de la conservation de l'énergie s'y appliquent intégralement. Mon mécanisme n'est pas une exception ; il est, dans le monde, comme tous les autres mécanismes ; il n'est une exception que pour moi qui suis lui, qui suis dedans, et qui *sens* ce qui s'y passe ou du moins quelques-uns des changements qui s'y produisent. Mais, de même qu'un dentiste m'arrache une dent sans savoir s'il me fait mal, de même l'observateur du monde qui m'étudie du dehors, en même temps que les objets qui m'entourent, ne sait pas si j'ai une subjectivité, si je ressens du plaisir ou de la douleur ; il ne peut qu'observer les gestes que je fais (1) et vérifier, dans les transformations dont je suis le siège l'application intégrale des lois de la physique et de la chimie. C'est pour moi seul que ma subjectivité a une importance ; elle n'existe pas pour les autres, mais elle est tout pour moi ; elle est moi.

Paragraphe 3

Les Subjectivités dans le monde objectif

Depuis les temps les plus reculés, il s'est trouvé des philosophes qui, ayant fait la remarque par laquelle se termine le dernier chapitre, en ont conclu que le monde extérieur n'existe pas. Ma subjectivité est tout pour moi, donc je suis tout. Évidemment, il est impossible de démontrer que cela est faux. Puisque je ne connais que ce qui est en moi, je ne puis savoir si la représentation des objets extérieurs qui pénètre dans ma subjectivité correspond à quelque chose qui existe réellement au dehors. Tout

---

1. Il ne faut pas oublier que la parole est un geste comme les autres, et auquel il ne faut pas attribuer plus d'importance qu'à un autre.

le monde que je vois autour de moi peut n'être qu'une création de ma fantaisie ; alors *j'existe seul.* Et ceci doit se prendre au sens absolu ; *moi seul existe* ; pas vous, ni un autre homme quelconque, ni un chat, ni un chien, rien autre que moi, en un mot ; car vous êtes tous au même titre, des objets extérieurs à moi. Et je m'imagine qu'il y a des hommes, des maisons, des chemins de fer, des télégraphes, etc... tout cela est le produit de mon imagination ; je m'imagine en ce moment que j'écris un livre, mais, ce que je dis n'a aucune importance, car le livre en question n'existe pas, et il n'y aura personne pour le lire. Et ce raisonnement doit suffire à faire abandonner immédiatement l'hypothèse de la non existence du monde extérieur, car si l'on ne peut démontrer l'absurdité de cette hypothèse, *sa stérilité absolue éclate aux yeux.* J'existe seul ; je me moque donc de ce que vous pouvez penser de ce que je dis puisque vous n'existez pas.

Du moment que l'on parle ou que l'on écrit, on parle *à quelqu'un*, on écrit *à quelqu'un*, on admet donc implicitement l'existence de ce quelqu'un et des autres objets qui constituent le monde extérieur ; c'est là un postulat inévitable, et il faudrait que je fusse idiot pour discuter *par des paroles ou des écrits* l'existence du monde dans lequel je me meus (1). En voilà assez sur ce sujet. Le monde extérieur existe, et je sais même, par expérience, que ma connaissance de sa structure est suffisamment précise, puisque je m'y

1. Cela pourrait être tout au plus l'objet de rêvasseries non exprimées par des gestes.

LES SUBJECTIVITÉS DANS LE MONDE OBJECTIF 121

déplace sans me faire de mal et que j'en utilise les objets et les événements. L'histoire de l'évolution adaptative des lignées vivantes explique d'ailleurs tout cela d'une manière très satisfaisante (1). Il n'y a plus là rien de mystérieux.

Au lieu donc de me complaire dans l'idée flatteuse mais stérile que j'existe seul, je regarde et je compare les objets qui m'entourent. Et je remarque immédiatement que je connais mon propre corps *objectivement* comme les corps des autres hommes et comme les autres éléments du monde extérieur. Dans une glace, en particulier, je me vois parmi mes semblables et je constate précisément qu'ils me sont semblables ; ils font des gestes qui ressemblent aux miens ; j'ai même de la peine à me distinguer d'eux dans la glace où je nous observe tous.

Et immédiatement, loin de m'encroûter comme un fakir dans l'admiration de moi-même, je suis conduit naturellement à supposer, je dirais volontiers à *deviner* que chacun d'eux a une subjectivité comme moi et porte, dans son sac de cuir limité, un monde isolé du mien, isolé de tous les autres mondes subjectifs semblables ; chaque homme a son *moi* comme j'ai mon *moi* ; il ne peut en sortir plus que je ne puis moi-même sortir du mien qui est pour moi tout l'Univers. Et si je crois naturellement ceci des hommes, je le crois aussi des chiens, des chevaux, des rats, des serpents, etc... Où faut-il s'arrêter dans cette énumération ? C'est une question qui parait d'abord inso-

1. V. *Les Influences ancestrales.*

luble et qui entrera dans le domaine des choses connaissables quand on aura étudié par la méthode des sciences physiques le phénomène d'habitude qui fait passer du conscient dans l'inconscient (1).

Ainsi donc, il y a dans le monde extérieur un grand nombre de sacs de cuir analogues à celui qui m'entoure moi-même, et dont chacun limite, non seulement un mécanisme semblable au mien, mais, sans doute aussi, une subjectivité analogue à la mienne. Voilà le fait qui a le plus profondément troublé les philosophes de tous les temps, et qui les a conduits, par suite d'une erreur dans le point de départ, à la négation de la toute-puissance de la physique.

Supposons pour un instant un observateur qui ne soit pas fait comme un homme, ou plutôt (car il est par trop absurde aujourd'hui de supposer un observateur qui ne soit pas un être vivant), un observateur très bien outillé pour l'observation et vraiment au courant de la physique, mais qui ait négligé de s'observer lui-même, qui ne se soit jamais vu objectivement, et qui, par suite, ne soit pas frappé de la ressemblance qui existe entre lui et les autres hommes. Cet observateur reconnaitra dans le monde un très grand nombre de corps différents, et sera frappé de la complexité variable des divers mécanismes. Chez les uns, les événements seront simples et faciles à raconter en langage clair et précis (un levier rigide, de l'eau qui bout, le vent qui passe, etc...) ; d'autres seront plus compliqués et demanderont une étude

---

1. V. *la Science de la vie*, op. cit.

plus approfondie (une locomotive, un métier Jacquart, une machine Gramme, un téléphone, un grain de blé qui germe, etc...); enfin les animaux avec leurs mouvements si multiples et si difficiles à prévoir lui paraîtront les plus compliqués de tous les mécanismes, surtout les animaux supérieurs parmi lesquels on range les hommes. Mais, n'ayant (puisqu'il ne s'est pas observé lui-même et ne sait pas qu'il ressemble à un animal) aucune idée de l'existence d'une subjectivité dans chacun des animaux qu'il observe, n'ayant aucun moyen de connaître, de deviner cette subjectivité dont le principal caractère est de ne pouvoir se manifester au dehors du sac de cuir qui la loge, notre observateur ne sera pas conduit à faire jouer un rôle actif à une particularité qu'il ignore et qu'il ignorera toujours, car il ne peut en supposer l'existence que par une comparaison avec lui-même ; or cette comparaison il ne la fera pas puisqu'il ne s'est pas lui-même étudié objectivement. Il constatera seulement qu'il y a dans le monde des mécanismes de complexités diverses ; continuant et appliquant l'œuvre de ses devanciers les physiciens (qui, eux ne se sont jamais préoccupés de savoir s'il y a de la subjectivité dans les choses), il verra avec admiration que les lois de la conservation de la matière et de la conservation de l'énergie s'appliquent sans aucune défaillance dans tous les événements dont il est possible de pénétrer le mécanisme objectif.

Ici, il faut ouvrir une parenthèse sur la signification réelle du mot loi en physique, car il y a malheureusement beaucoup de penseurs qui n'y ont pas suffisamment réfléchi :

Quand des observateurs ont remarqué une particularité commune dans un grand nombre d'événements différents, ils en concluent que cette particularité est commune soit à tous les événements d'une certaine catégorie (loi particulière), soit à tous les événements possibles (loi générale); alors, il y a présomption de loi. Supposons qu'il s'agisse d'une loi générale comme les principes d'équivalence qui démontrent la conservation de l'énergie. Une fois que l'on a formulé la loi présumée, on s'acharme à en vérifier l'application dans des cas de plus en plus variés, de plus en plus différents de ceux à propos desquels on a eu l'idée de cette loi ; et, à mesure qu'augmentent le nombre et la variété des cas dans lesquels la loi se vérifie intégralement, on acquiert une confiance croissante dans sa généralité. Mais le nombre des cas possibles étant infini, il est bien certain qu'on n'aura jamais vérifié une loi dans *tous* les cas, et que, par conséquent, une loi aussi générale que la conservation de la matière ou la conservation de l'énergie ne s'énonce jamais que *sous bénéfice d'inventaire*. Cela n'empêche pas les savants d'avoir une confiance très solide dans les lois qui ont été vérifiées depuis longtemps et dans un très grand nombre de cas différents.

Nous verrons plus loin que ces lois sont des *théorèmes*.

Pour des raisons qui ne ressortissent en rien à la méthode scientifique, et parmi lesquelles, outre le respect stérile d'une tradition qui nous vient d'ancêtres infiniment plus ignorants que nous, il faut mettre au premier rang la paresse naturelle à l'homme et que satisfait la facilité incroyable des explications enfantines appelées animistes ou spiritualistes, (car ces explications que l'on apprend en apprenant à parler dispensent d'étudier la physique, ce qui est singulièrement plus long !); pour des raisons sentimentales, dis-je, la plupart des hommes dit cultivés, *veulent* que les phénomènes vitaux soient à part, diffèrent essentiellement des phénomènes qui se manifestent dans les corps bruts. Cependant, *tous* les événements partiels qui ont été étudiés scientifiquement chez les êtres vivants (même par Claude Bernard et ses élèves qui ont cependant tendu la perche au mysticisme antiscientifique) se sont montrés rigoureusement soumis au déterminisme précis qui régit les phénomènes de la physique et de la chimie ; pour tous ces événements, il a été évident qu'une narration historique est possible, c'est-à-dire que, dans la vie comme dans la matière brute, il y a des continuations, des transformations, jamais de commencement, jamais d'accroc aux lois générales de la conservation de la matière et de la conservation de l'énergie. Jusqu'à présent, quelle que soit la variété des investigations qui ont été entreprises dans les parties mesurables des événements vitaux, *jamais* les grandes lois de la physique ne se sont montrées en contradiction avec les faits. On devrait donc en conclure que, pour la vie comme pour la matière brute, la *présomption de loi* subsiste, de plus en plus vigoureuse chaque fois qu'elle a résisté à un nouvel assaut. Les hommes *ne veulent pas* qu'il en soit ainsi ; ils veulent continuer à croire des sottises, ce qui ne les empêche pas, quand ils sont malades, de recourir à des médications physiques et chimiques, tout comme s'ils croyaient autre chose que ce qu'ils veulent croire.

L'idée la plus répandue parmi ces gens inféodés aux vieilles croyances (je veux dire tous les hommes, sauf peut-être quelques dizaines!) est que la subjectivité de chacun de nous a un rôle créateur, et que, par conséquent, tout acte vital voulu par un homme ou un animal fait un accroc à la conservation de l'énergie. C'est là, sans doute, l'opinion la plus répandue et la plus ancrée chez tous les hommes. *Je fais ce que je veux;* je suis libre, car j'aurais pu faire autre chose si j'avais voulu.

La volonté est, de toutes les propriétés intrinsèques que nous nous reconnaissons, celle dont l'indépendance nous paraît la plus évidente. Et si un physicien vient nous dire, ayant terminé l'étude objective du monde, que notre illusion de liberté vient uniquement de ce que notre monde subjectif se limite à un sac de cuir et que nous ne connaissons les agents extérieurs qu'après qu'ils ont pénétré en nous, nous haussons les épaules et nous le traitons *d'abject matérialiste*. Je *sens* que je suis libre et aucune vérité ne peut prévaloir contre cette certitude, dont presque tous les hommes font le point de départ de tous leurs raisonnements. Qu'après cela un observateur sans parti pris nous affirme que nous sommes dans la nature au même titre que les pierres et les moulins à vent, que toutes les mesures faites objectivement dans les milieux où il y a des êtres vivants ont vérifié, comme les autres, les lois de la conservation *qui ne permettent aucune liberté*, il se heurtera à un roc inébranlable contre lequel ont vainement lutté depuis des siècles les penseurs ayant quelque sens commun. Et cela continuera indéfiniment, car la vérité scientifique totale est très difficile à acquérir, même pour les spécialistes que leur profession fait ordinairement qualifier de savants ! Allez faire croire à des gens qui se croient des dieux, qui s'imaginent être immortels, qu'ils sont de vulgaires marionnettes dont les ficelles sont les relations d'échange que nous méconnaissons, mais qui ont lieu à chaque instant entre nous et le monde, *et qui nous placent dans le monde* au même titre que tous les autres mécanismes !!

Il faut bien l'avouer, les hommes ont une raison fort légitime de croire à leur liberté, à leur divinité, etc. C'est qu'ils étudient la vie sur eux-mêmes et non sur les êtres inférieurs dans lesquels l'intrusion du monde extérieur est plus évidente. J'ai eu la chance, pour mon compte personnel, d'étudier d'abord les amibes et autres protozoaires, et dans cette étude, malgré mes idées préconçues d'homme entouré d'hommes, j'ai vu très vite l'ingérence des agents du monde extérieur dans les affaires de ces petits êtres auxquels je n'ai jamais songé cependant à dénier une subjectivité, une volonté, etc., du même ordre que les miennes, avec seulement des différences de complexité. Je donnerai tout à l'heure, pour compléter ce chapitre, un aperçu de la grande facilité avec laquelle on constate l'absence de liberté chez les protozoaires. Mais je veux, auparavant, placer une remarque qui m'a toujours stupéfait au cours de mes observations biologiques :

Tous les êtres vivants naissent, vivent et meurent. Nous savons que leur naissance n'est qu'une continuation, même quand il s'agit des êtres les plus élevés en organisation, comme ceux qui nous ressemblent. Du moins, leur existence objective continue celle des objets et des êtres antérieurs, mais leur existence subjective naît avec eux ; c'est encore là une apparence individuelle de commencement absolu. Puis, des œufs issus des parents, proviennent, par développement progressif, des êtres limités par des sacs de cuir, *qui poussent sous nos yeux*, comme des salades.

Et puis, un beau jour, ils meurent !

Je veux bien admettre que les hommes qui ont peur de la mort, et qui ne veulent pas croire à la mort totale, n'acceptent pas, à cause de mensonges verbaux répandus depuis longtemps et jamais vérifiés expérimentalement, que l'individu limité par son sac de cuir meurt tout entier. Mais, même sans recourir à cette démonstration merveilleuse de notre nature physique, qu'est la mort fatale de tous nos congénères, le fait de voir pousser des sacs de cuir dans lesquels pousse en même temps une subjectivité parallèle à leur mécanisme objectif, aurait dû, me semble-t-il, empêcher les hommes de croire que cette subjectivité limitée dans l'espace et dans le temps représente quelque chose d'immortel ! C'est là, je le répète, une véritable cause de stupéfaction pour moi ; il faut que la volonté de croire soit bien ancrée dans les cerveaux des hommes.

Le parallélisme entre notre subjectivité et notre existence objective, en d'autres termes, le fait que nos gestes peuvent être considérés comme une traduction plus ou moins fidèle de nos pensées, est sans doute une merveille incomparable ; mais cette merveille, la science de l'origine des espèces en a donné la clef de manière à satisfaire les plus difficiles (j'entends, ceux qui n'ont pas le parti pris de croire malgré tout à des calembredaines surannées). Je ne reviens pas ici sur cette question que j'ai longuement étudiée ailleurs (1). Je veux seulement résumer en quelques lignes l'histoire des petits êtres appelés protozoaires, et dont l'étude au début de ma carrière scientifique m'a ouvert les yeux sur l'absurdité des explications animistes.

Lorsque l'on réfléchit aux échanges constants de substances qui se produisent entre le protozoaire et le milieu dans lequel il baigne, échanges tant physiques que chimiques, on comprend aisément que ces échanges soient une raison suffisante des mouvements variés auxquels ils se livrent dans les milieux qu'ils habitent. Et cependant, quand on les regarde avec un œil d'homme, on a l'impression de liberté que donne l'observation de n'importe quel animal (V. *Théorie nouvelle de la vie*, F. Alcan) ; je suis, pour ma part, tout à fait convaincu qu'une amibe va

1. Voyez en particulier, *la Science de la vie*, 1912.

où elle veut comme moi-même, et c'est une conviction basée sur des raisonnements scientifiques et non sur de la logique de sentiments. Mais j'ai en même temps la certitude que cette amibe ne peut, pas plus que moi d'ailleurs, vouloir à un moment donné autre chose que ce qu'elle veut au moment précis où se passe le phénomène étudié, autrement dit, qu'elle a, comme moi-même, l'illusion d'une volonté libre qui n'est qu'un phénomène consécutif à d'autres phénomènes, et dont l'étude objective totale est possible pour un observateur étranger qui emploie la méthode des physiciens sans se demander si une subjectivité quelconque existe dans les mécanismes étudiés. Des expériences indiscutables, et que j'ai résumées il y a déjà longtemps (1), ont prouvé que, avec des dispositifs expérimentaux convenables, je puis substituer ma volonté à la leur, les obliger à aller dans un endroit que je prévois et prépare d'avance, et cela, sans aucune exception ; ils y vont tous. Cela prouve que leur volonté n'est qu'une illusion, et la mienne aussi ! Mais je voudrais que l'on réfléchît un peu plus profondément à ces expériences de phototropisme, de chimiotropisme, etc. On me répondra que les protozoaires ne sont pas des hommes. J'en conviens ; mais des protozoaires à l'homme il n'y a aucun hiatus dans l'échelle ascendante, et des faits qui ont même aspect peuvent être rapportés à des causes identiques. Seulement, les hommes sont bien plus compliqués ; chacun d'eux

---

1. V. *Théorie nouvelle de la vie*, 1912.

est formé de plus de soixante trillions de protozoaires coordonnés, agencés en un mécanisme unique. Cela est prodigieusement complexe, et je n'ai pas la prétention d'empêcher mes congénères de croire à leur immortalité et à leur liberté. Il y a cependant l'expérience de la mort dont j'ai montré, dans un récent ouvrage, toute l'importance démonstrative ! Mais on ne croira pas, parce qu'on ne veut pas croire, ou plutôt parce qu'on est habitué à croire autre chose.

En résumé, il y a, dans l'univers qu'étudient les physiciens, un grand nombre de corps divers dont quelques-uns, par suite de leur ressemblance avec nous, nous semblent doués d'une subjectivité analogue à la nôtre. Chacun de ces corps est dans le monde au même titre que tous les autres ; il est traversé par les radiations lumineuses, calorifiques, etc., et il réagit sous leur influence *suivant sa nature* du moment. L'ensemble de tous ces corps vérifie les lois de la physique.

Mais chacun des êtres vivants, dans le sac de cuir qui le limite, loge une subjectivité qui y règne en maîtresse et qui ne peut pas en sortir. Et comme cette subjectivité ne connaît que ce qui est entré dans les limites du sac de cuir qui l'enserre, elle croit sans cesse qu'il y a des phénomènes nouveaux, des commencements absolus, là où il y a seulement des continuations de phénomènes préexistant en dehors d'elle, et dont l'étude historique ou objective est possible sans qu'il se produise jamais aucun accroc aux lois de la conservation de la matière et de la conservation de l'énergie. C'est ce qui explique cette certitude de la liberté individuelle que les philosophes considèrent comme la vérité initiale et indiscutable, quoique les physiciens ne l'aient jamais trouvée nulle part et qui serait en désaccord avec les grandes lois les mieux prouvées.

Mais alors, dira-t-on, *pourquoi* tout cela? Le *pourquoi* est l'une des conséquences de l'erreur fondamentale des hommes qui croient à leur liberté. Les questions commençant par *pourquoi* ne peuvent être résolues que par des réponses commençant par *parce que*. C'est un piège verbal dans lequel ne tombera pas un homme imbu de la méthode scientifique. *Pourquoi* a vécu et souffert mon soixante-quatrième aïeul paternel dont personne n'a conservé le souvenir ? Mais j'oublie que l'on a trouvé des arguments verbaux contre l'argument irrésistible qui est l'observation de la mort totale ? Quoi qu'il en soit, aucune question scientifiquement posée ne peut commencer pas pourquoi. *Pourquoi* présuppose un but, un plan préconçu, un être supérieur qui a préparé ce plan, etc. Toute question scientifique doit être un *comment?* et non un *pourquoi ?* Car tout s'enchaîne, tout se suit, tout se continue, et le terme de notre effort de savant est de savoir quels sont les enchaînements des phénomènes successifs, *comment* telle forme de manifestation dérive de telle autre forme préexistante de manifestation, etc. Je le répète, au risque de me répéter trop, il faut étudier les êtres vivants comme les physiciens étudient les phénomènes de la matière brute. On l'a fait déjà pour b. aucoup de parties de la vie. Il faut continuer, jusqu'au jour où l'on trouvera franchement et sûrement un phénomène vital dans lequel il se produit *objectivement* un commencement absolu. Alors on dira que la vie est en dehors de la physique. Nous n'y sommes pas !

En attendant, voici les deux raisonnements contradictoires qu'il s'agit de mettre d'accord :

1° Je suis libre ; je fais ce que je veux, à chaque instant (pour des raisons qui sont en moi ou qui viennent du dehors). Or, l'étude objective que je fais de moi-même, dans un miroir par exemple, me montre que je ressemble aux autres hommes ; donc ils sont comme moi ; ils font ce qu'ils veulent (pour des raisons qui sont en eux ou qui viennent de dehors) et c'est à ce premier raisonnement que répond la théorie spiritualiste ;

2° Les hommes que j'étudie objectivement ne sont pas en dehors de la physique ; dans le milieu où ils vivent, les lois se vérifient, tant au point de vue de la conservation de la matière qu'au point de vue de la conservation de l'énergie. Ce sont donc de simples transformateurs (eux-mêmes transformables), des marionnettes, des automates. Or je leur ressemble ; donc, je suis comme eux un automate, une marionnette. Et cependant je sens que je suis libre. Je ne fais que des commencements absolus.

Voilà la contradiction ; elle est grave ; elle paraît fondamentale. Les spiritualistes la résolvent, en croyant, malgré la physique, aux commencements absolus du monde objectif. La distinction que j'ai faite dans ce chapitre, entre les mondes *limités* connus subjectivement et le monde *illimité* qui comprend tous ces mondes limités, suffit à expliquer la contradiction apparente à laquelle nous nous heurtons. Dans les premiers tout est commencement absolu ; dans le dernier il n'y a que des phénomènes qui continuent. Cela *prouve* l'existence d'une propriété de connaissance ADHÉRENTE à certains événements physiques, propriété de connaissance qui donne à un monde limité l'illusion que tout ce qui se passe en lui *commence* en lui. J'ai étudié récemment, de nouveau, sous le nom déjà ancien de *conscience épiphénomène* (1), cette propriété de connaissance qui adhère à certains faits et manque à d'autres. Je n'y reviens pas ici ; je veux seulement affirmer que, en raisonnant comme nous avons été conduits à le faire dans les pages précédentes à propos de la comparaison du subjectif et de l'objectif, on est amené à l'existence de cette propriété très spéciale, par des raisonnements déductifs logiques ; on ne doit donc pas dire que c'est une hypothèse, comme j'ai eu le tort de le concéder quelquefois. Son existence est nécessaire pour éviter des contradictions évidentes, et je ne crois pas qu'aucun philosophe refuse de considérer comme indispensable au repos de l'esprit de faire évanouir toute contradiction.

1. Voyez mon petit livre : *le Problème de la mort et la conscience universelle.* Flammarion, éditeur.

TROISIÈME PARTIE

LES VÉRITÉS PHYSIQUES

CHAPITRE IV

Rien ne se perd, rien ne se crée

Dans la première partie de ce livre, j'ai fait pressentir l'existence de vérités physiques *indiscutables*, vérifiables et communicables, *vérités générales* qui démontrent l'inanité des croyances spiritualistes sur lesquels les hommes ont, depuis toujours, étayé leurs philosophies. Avant d'arriver à exposer ces questions que le lecteur aurait sans doute trouvées trop ardues, j'ai préféré montrer d'abord quelles en étaient les conséquences inévitables au point de vue des croyances humaines. Comme ces conséquences sont infiniment importantes, comme elles détruisent l'édifice verbal sur lequel repose la conduite ordinaire de l'humanité, j'espère que le lecteur, désireux de discuter quelque chose d'aussi formidable, trouvera, pour lire les pages qui suivent, un courage qu'il n'aurait peut-être pas eu en commençant.

Pour tout esprit vraiment curieux, le fait de baser *toute sa vie* sur des contradictions évidentes doit devenir une chose insupportable dès que l'on a trouvé une démonstration valable desdites contradictions. L'acquisition des découvertes de la physique est une chose ardue. Il faut, pour y arriver, faire un effort infiniment plus long et plus sérieux que celui qui est nécessaire pour apprendre le catéchisme. En outre, le résultat auquel on arrive n'est pas flatteur pour notre amour-propre ! Alors que le catéchisme fait de nous des êtres agissants, semblables à un Dieu éternel et éternels nous-mêmes, la physique nous ravale au rang de simples transformations transitoires, dans lesquelles il n'y a jamais de commencement, rien que des continuations, et dont le résultat, d'après la loi de la conservation de la matière et la loi de la conservation de l'énergie, se traduit dans cette formule décevante, à laquelle les mathématiciens ont pris l'habitude de se conformer dans leur mise en équation, sans se douter que cette manière commode de s'exprimer représentait la grande vérité de la nature :

Égale zéro !

Rien ne se perd, mais rien ne se crée ; nous sommes des phénomènes momentanés comparables aux vagues de la mer, et n'ayant pas plus d'importance dans l'histoire du monde. Cela n'est pas flatteur, sans doute, mais nous devrions profiter de ce que nous le savons, pour ne pas nous faire sans cesse du mal en vue d'une récompense future qui ne viendra jamais. Puisque nous sommes doués de conscience, pauvres tourbillons éphémères que nous sommes, tâchons au moins que des erreurs décevantes ne nous entraînent pas à augmenter inutilement la somme des douleurs auxquelles nous sommes condamnés par le fait même que nous sommes conscients !

Paragraphe 1

Le Corps et le mouvement perpétuel

Quand la science sera suffisamment construite pour que des hommes à l'esprit synthétique songent à jeter sur le chemin parcouru un coup d'œil d'ensemble, les étapes par lesquelles on sera arrivé au but fourniront aux observateurs avertis un sujet d'inépuisable étonnement.

On s'apercevra facilement, en effet, que, si j'ose m'exprimer ainsi malgré l'apparence éminemment paradoxale de cette assertion, la science a été établie par les hommes *malgré ce que les hommes savaient; en dépit de ce que* les hommes considéraient, depuis toujours, comme l'évidence même.

On peut dès à présent faire en partie cette remarque curieuse, lorsque l'on enseigne la physique aux jeunes gens ; la physique est la science de la nature ; les étudiants en physique s'imaginent donc qu'on va leur apprendre les choses qui se passent sous leurs yeux, le cours des fleuves, les variations du vent, etc., et ils sont fort surpris quand on leur enseigne d'abord, comme étant les particularités fondamentales de la science, des phénomènes qu'ils ignoraient, qu'ils n'avaient jamais remarqués parce qu'ils ne se produisent avec évidence que dans des conditions très spéciales, les manifestations électriques par exemple, qui sont le lien de toutes les parties de la physique, et dont la foudre est un cas aussi violent que grossier.

C'est qu'en effet, par suite même de la manière dont les hommes connaissent le monde qui les entoure (ils le connaissent par le moyen de leurs organes des sens), ils construisent, dans ce monde, des figures, des corps qui sont à leur échelle et à leur usage ; et ils s'imaginent ensuite que ces figures, ces corps *existent;* ils en font, comme disent les philosophes, des *entités*. C'est seulement plus tard, c'est surtout après avoir multiplié à l'infini, par le secours d'instruments de laboratoire, la puissance de nos moyens directs d'observation que nous comprenons la vérité. Sauf les phénomènes grossiers du mouvement des corps définis par l'homme, mouvements qu'étudie la mécanique, et qui, d'ailleurs, ne se passent jamais sans donner naissance à d'autres phénomènes plus ou moins accessibles à notre observation directe, les variations du monde qui nous entourent sont ordinairement le résultat de *changements* qui se produisent à une échelle beaucoup plus petite que celle des *corps* dont nos organes des sens nous révèlent la présence autour de nous. Tout homme cultivé sait aujourd'hui quelle importance prodigieuse il faut attribuer, dans l'évolution des mondes, aux mouvements qui se produisent à l'échelle atomique; la physique moderne a même été plus loin dans l'échelle descendante, et a compris qu'un grand nombre de phénomènes essentiels sont justiciables d'une explication par des mouvements d'électrons beaucoup plus petits que les atomes. La plus grande surprise est venue de la découverte des phénomènes d'influence et d'induction électriques, de la constatation de *liaisons* insoupçonnées entre des corps séparés dans notre ambiance, et dans l'intervalle desquels il semble que *rien* ne se passe. Aujourd'hui, il faut bien s'en rendre compte, les plus formidables énergies de l'industrie moderne se transmettent sous nos yeux sans que nous puissions les voir. Le conducteur métallique d'un tramway à trolley ressemble absolument à un fil de métal ordinaire; nous ne savons pas, par la simple observation, distinguer d'un fil ordinaire un fil conducteur d'énergie qui suffit cependant à faire fonctionner de puissantes usines. Et la marche d'un tramway électrique devrait remplir d'admiration les gens qui ne savent pas la physique. J'ai remarqué cependant que la plupart des gens qui prennent le tramway ne sont pas étonnés du tout, pas plus que ceux qui se servent du téléphone. Ils savent que ça marche; au bout de quelques jours, ils sont habitués à ce que ça marche, et ils réservent leur étonnement, voire leur indignation, pour les cas où ça ne marche pas.

L'existence de *liaisons* entre des corps séparés par des espaces dans lesquels nous ne constatons aucune apparence d'activité a rendu bien précaire la notion même de corps. Si un anneau métallique fermé est déplacé dans un champ électro-magnétique (et tout est champ électro-magnétique), cet anneau est le siège d'un courant, pendant que des phénomènes concomitants se produisent (sans que nous nous en apercevions) dans tous les corps du voisinage. C'est donc que tous ces corps qui paraissent distincts sont liés les uns aux autres par quelque chose ; *il n'y a pas de phénomène local.* Quand je presse le bouton d'une sonnette électrique, je sais que je détermine un courant dans le fil de la sonnette, et je *crois* qu'en dehors du fil et de la sonnette il ne se passe rien. C'est faux ; avec des détecteurs assez sensibles, je pourrais mettre en évidence telles variations extérieures qui font partie du phénomène que j'ai produit en appuyant sur le commutateur.

Avec toutes ces liaisons cachées à nos organes des sens, et dont les phénomènes électriques nous fournissent les plus étonnants exemples (ce ne sont pas les seuls), la notion de *corps* devient bien dangereuse ; nous avons défini les corps, *tout bêtement*, en nous imaginant sans réfléchir davantage que nos organes des sens nous apprennent *tout* ce qui se passe hors de nous. Il est vrai que, même en nous tenant au témoignage de nos sens, nous sommes bien embarrassés, dans certains cas, pour savoir si nous devons traiter une chose de *corps*, ou employer, pour le désigner, une autre expression. Pour les corps vivants et les corps solides, il n'y a pas de difficulté, et, quoique le corps vivant soit en relation perpétuelle d'échanges avec l'extérieur, l'existence d'une subjectivité limitée à sa paroi justifie (à ce point de vue et à celui-là seulement) l'appellation de corps défini quand il s'agit d'un être en train de vivre.

Pour les corps solides, les liaisons électriques, par exemple, dont nous venons de parler, diminuent déjà la précision du mot ; mais que dire d'un nuage dont les bords se modifient sans cesse par des évaporations ou des condensations ; que dire d'un rayon de soleil rendu visible par les poussières qui le traversent, etc., etc.? C'est surtout par les corps solides que s'est faite l'éducation de l'homme ; c'est là, je le proclame depuis plus de vingt ans, une source inépuisable d'erreurs grossières. Quoi qu'il en soit, depuis le corps le plus solide, comme une pièce d'or, jusqu'au corps le plus fugace et le moins facile à définir, comme un jeu de lumière dans un air impur, nous devons aujourd'hui affirmer qu'il n'existe aucun objet au monde qui ne soit en relations perpétuelles avec toute son ambiance ; aucun corps n'est, par lui-même, ce qu'il est ; il n'y a pas d'entité. Quand, dans un espace placé sous nos yeux, nous définissons par habitude un certain nombre de corps, nous pouvons être sûrs, quelle que soit la différence de leur dureté (dur vient de durer), qu'aucun d'eux ne peut subir de modifications sans que tous les autres en éprouvent le contre-coup. Il n'y a pas de phénomène local. Tout retentit sur tout.

Ainsi (même pour les corps vivants, lesquels

méritent cependant une mention spéciale à cause de la certitude où nous sommes qu'ils ont une subjectivité limitée à leur contour (1), nous devons nous dire que la définition des corps, définition habituelle à l'homme depuis le début de son histoire, n'a que la valeur d'une convention commode, destinée à nous permettre de nous entendre relativement à un ensemble trop complexe pour être décrit au moyen d'un petit nombre de mots. De même, les anatomistes et les physiologistes décomposent le corps de l'animal en *caractères* inséparables les uns des autres, et dont aucun n'existe par lui-même en dehors de l'imagination fumeuse de Weismann. Si nous voulons faire œuvre scientifique et ne pas prêter à la critique au sujet de la précision, nous devons considérer le milieu dans lequel nous vivons comme un tout unique, à cause des liaisons qui unissent les corps dont notre fantaisie à bien voulu le meubler. Et, plus le milieu sera vaste, plus notre langage sera correct. Nous devrons donc employer un langage aussi synthétique que possible. Les hommes ont l'habitude de faire le contraire parce que cela est très commode pour la vie courante, et c'est pour cela que la langue ordinaire s'adapte si difficilement aux nécessités des sciences exactes.

Voici, par exemple, un petit coin du monde, celui

1. Je ne saurais trop répéter cependant que les corps vivants n'existent pas par eux-mêmes. Si A est le contenu du corps à un certain moment et B le milieu, tout phénomène manifesté par le corps a la forme $(A \times B.)$ (V. *Éléments de Philosophie biologique.*)

dans lequel je vis en ce moment et dont je connais un certain aspect par le moyen de mes divers organes des sens. Par une habitude invétérée, et de laquelle aucun homme ne peut se débarrasser tant sont fortes les influences ancestrales auxquels nous sommes tous soumis, je détaille, dans ce petit coin spécial de l'Univers, un certain nombre d'objets auxquels je donne des noms, et que je considère comme suffisamment indépendants les uns des autres *pour me permettre de raconter l'histoire de chacun d'eux comme s'il était seul, comme si tous les autres n'existaient pas.* Je dirai ainsi que la pendule sonne, que les feuilles des arbres s'agitent, que ma fenêtre bat, etc. et ce langage est, en effet, suffisamment précis pour ceux qui ne s'attachent pas à rechercher les relations de cause à effet. Mais, par cela même que moi, corps situé dans la même ambiance que ces divers corps, je suis au courant des événements dont chacun d'eux est le siège, il faut que d'eux à moi, à travers notre ambiance commune, il existe des *relations*, des liaisons, que, sous peine de m'attribuer avec un sot orgueil une place à part dans la nature, je dois supposer exister entre les divers corps qui m'entourent comme ils existent d'eux à moi. Et, si ces liaisons existent effectivement, la narration particulariste par laquelle je raconte l'histoire individuelle de l'un de ces corps est fatalement incomplète.

Rien ne satisfait l'homme comme le langage courant, parce qu'il y est habitué par hérédité autant sans doute que par éducation ; dans le langage courant, il y a un sujet, un verbe et un complément, et cela fait une phrase complète, c'est-à-dire un tout complet, une histoire complète. Si je dis que le vent a fait tomber une poire, cela sera considéré comme une narration suffisante, et cependant j'aurai négligé dans mon histoire, non seulement le plus important des phénomènes, la liaison de gravitation entre la Terre et la poire, mais encore toutes les autres liaisons qui ont été modifiées par la chute du fruit ; le rameau qui le portait et qui était courbé par son poids se sera redressé par suite de l'allègement résultant de la séparation, etc., j'ai donc fait certainement une mauvaise narration, mais elle est trouvée correcte par tout le monde. Et c'est sur ce modèle fautif que sont calquées, en particulier, les explications des événements dans lesquels un homme ou un animal a joué un rôle : « Paul a lancé une pierre dans le champ. »

Nous n'aimons rien autant que ces phrases si commodes à construire grammaticalement et dans lesquelles il y a un sujet unique, une cause unique d'un phénomène observé ; ce langage particulariste est le langage des causes ou des forces ; c'est de lui que dérive toute la philosophie des époques antérieures à l'avènement de la science.

Ce langage est mauvais si on veut lui attribuer une précision qu'il n'a pas. Trente phénomènes différents se passent à la fois dans le milieu qui m'entoure ; je puis raconter chacun d'eux au moyen d'une phrase correcte qui ne concerne que lui seul ; et, ainsi, je sépare artificiellement les uns des autres des activités qui ne sont sûrement pas séparables ; chacun de ces trente phénomènes est lié d'une manière plus ou moins directe et plus ou moins intense, aux vingt-neuf autres phénomènes dont je le sépare volontairement et définitivement. Aucun d'eux n'est complet par lui-même ; bien plus, d'autres phénomènes qui ne sont pas directement connus de moi, qui se passent en dehors de ma sphère d'investigation interviennent plus ou moins efficacement dans chacun de ceux que j'observe. Quand je raconte l'un d'eux isolément, je sépare donc, par l'artifice de mon langage, des parties inséparables d'un même tout. Je ne saurais trop le répéter, ce langage des forces est extrêmement cher aux hommes ; nous ne sommes jamais si contents que lorsque nous avons attribué un phénomène, artificiellement limité par nous, à une cause unique qui est le sujet du verbe dans la phrase. Et nous croyons qu'il y a là une explication ! Les découvertes faites dans le champ de l'induction électro-magnétique auraient dû nous mettre en garde contre nos explications particularistes ; l'habitude est trop invétérée chez nous, et le physicien qui vient d'étudier dans son laboratoire le retentissement prodigieux des courants électriques sur des conducteurs voisins, prend part, une fois rentré chez lui, à une conversation entre profonds philosophes qui attribuent à l'*âme* humaine tous les actes humains ; et il ne proteste pas. Ce langage est trop commode pour être abandonné. Mais il faudrait que l'on comprît bien, une fois pour toutes, que le langage, utile aux hommes pour leurs relations d'affaires, est impropre à l'étude scientifique des relations de cause à effet.

Si le langage analytique est une source évidente d'erreurs, le langage synthétique est prodigieusement difficile ! Dans le milieu limité qui est, en ce moment mon univers, il y a des solides, des liquides, des gaz, des corps vivants et des corps bruts dont quelques-uns sont doués de propriétés chimiques très puissantes, etc... Tout cela se tient, et tout cela est le siège incessant de changements extrêmement divers. Il y a des changements de position, de vitesse, etc... (phénomènes mécaniques), des changements d'état, des réactions chimiques, des phénomènes thermiques, électriques, lumineux, sonores ; etc. Et cet ensemble infiniment complexe forme un tout dont toutes les parties, apparemment distinctes, sont unies par des liaisons qui empêchent qu'aucun des corps juxtaposés dans ce milieu ait une histoire indépendante.

Cela est vrai, non seulement du milieu limité que me font connaître actuellement mes organes des sens, mais encore de la Terre entière, du système formé de la Terre et de la Lune, du système formé du Soleil et de toutes les planètes qui l'entourent avec leurs satellites, etc... Tout ce que l'on peut dire lorsqu'on observe ces ensembles si étonnamment complexes, c'est que, en chaque point de chacun d'eux, il se produit sans cesse des *changements* auxquels nous donnons, d'après l'échelle à laquelle ils se passent, des noms empruntés aux diverses parties de la physique (gravitation, chaleur, électricité, chimie, etc.) Ce que l'on peut affirmer aussi, c'est que tous ces changements sont liés les uns aux autres, de telle manière qu'un *changement ne se produit jamais seul.* Voilà l'une des vérités essentielles, l'une des vérités fondamentales qui serviront à étayer la science physique.

Ceux qui acceptent les explications enfantines des vieilles cosmogonies croient que le monde a commencé et qu'il finira (deux mots qui n'ont pas de sens pour le physicien qui n'a jamais rien vu commencer, qui n'a jamais rien vu finir, et qui a constaté uniquement que tout se transforme) ; mais ceux qui n'ont pas été intoxiqués profondément par ces vieilles explications verbales, ceux qui se contentent de tirer des conclusions des faits qu'ils observent, constatent simplement que tout change ; ils remarquent des changements très divers, et leur donnent des noms suivant leur nature ; l'étude d'un changement qui porte un nom déterminé constitue un chapitre particulier de la science.

Et, si l'on limite volontairement ses investigations à une forme particulière de changement, on constate, dans le cas le plus général, que le changement étudié a une fin. C'est cette constatation qui donne lieu aux croyances vulgaires résumées dans des aphorismes tels que : tout s'use ; tout passe, etc... Voici, par exemple, un morceau de bois sec dans lequel une allumette enflammée amorce le phénomène de combustion ; ce phénomène dure tant qu'il y a du bois ; au bout d'un certain temps le feu cesse, faute d'aliments : il n'y a plus combustion. On en conclut donc, naturellement, que la *capacité de combustion* réunie dans les objets considérés était limitée. Voici d'autre part une barrique d'eau portant un robinet ; j'ouvre le robinet, et l'écoulement commence ; l'eau coule jusqu'au niveau le plus inférieur du bâtiment dans lequel je me trouve ; et au bout de quelque temps l'écoulement s'arrête, s'il n'y a nulle part dans le voisinage un niveau plus bas que celui où l'eau s'est accumulée ; là, encore, la *capacité d'écoulement* du système considéré était limitée. Ordinairement, quand on se borne à l'étude d'une forme unique de changement, on constate cette même usure de la capacité de changement. C'est cette remarque qu'expriment les aphorismes courants auxquels je faisais allusion tout à l'heure. Ces aphorismes expriment ordinairement des vérités, du moment qu'il s'agit d'une forme unique de phénomène. Sauf des cas très spéciaux dont nous allons nous occuper tout à l'heure, et qui vont précisément jeter la lumière sur cet ensemble confus de phénomènes qui semblent isolés les uns des autres, la *capacité de changement* d'un système de corps donné est *limitée*, relativement à une forme *donnée* de changement. Les hommes qui vivent des ressources fournies par le monde, utilisent les changements qui s'y produisent, et en déterminent même quelques-uns pour leur usage personnel ; ils ont donné le nom de *travail* à la production d'un changement utile : ce mot s'est peu à peu généralisé, et on a appliqué la même dénomination à toutes les transformations qui se réalisent autour de nous. Nous appellerons provisoirement travail toute transformation. Il y aura donc des travaux très divers, comme il y avait des changements divers, et nous pourrons répéter pour chaque travail particulier ce que nous avons dit pour les changements particuliers.

LE CORPS ET LE MOUVEMENT PERPÉTUEL 149

La capacité de travail d'un système donné est limitée, du moment qu'il s'agit d'un travail bien défini. Le mot *énergie* représente, formé avec des radicaux grecs, l'équivalent de l'expression « capacité de travail ». Il y aura donc, dans un coin donné du monde, des *provisions d'énergie*, provisions généralement limitées, et qui seront d'autant d'espèces qu'il y a d'espèces de travail ou de changement.

Voilà un langage nouveau, simple et clair. Il nous conduit immédiatement à une remarque qui semble tout à fait paradoxale : Les provisions d'énergie de diverses natures sont en général toutes limitées en chaque point du globe ; en d'autres termes, tout travail qui commence en un point avec des ressources naturelles doit finir en général au bout d'un temps plus ou moins long. Et cependant, malgré le temps depuis lequel les hommes constatent les usures successives des diverses provisions d'énergie accumulées aux divers lieux de la Terre, ils constatent aussi que les mêmes travaux se reproduisent toujours, en quantité à peu près équivalente ; d'une année à l'autre, il n'y a pas de différence sensible entre les diverses quantités d'activité de tel ou tel ordre ; si une année semble d'un petit rapport pour l'une de ces activités, l'autre est au contraire plus favorable, et, ainsi, le monde continue de marcher sans grande modification, par les divers fonctionnements que notre fantaisie définit, pour notre commodité, dans le fonctionnement universel.

L'homme le moins averti trouvera une réponse immédiate à ce paradoxe apparent :

Si tout se tient sur la Terre, la Terre aussi tient à autre chose, au Soleil, par exemple, et reçoit sans cesse, du Soleil, des provisions nouvelles d'énergie capables de réparer les usures de ses provisions énergétiques. La Terre n'est pas un système complet et son ambiance lui fournit ce qu'il faut pour qu'elle continue à « marcher » comme elle marchait les années précédentes.

On pourra répondre à cela, quand on aura fait le tour de la physique et tenu compte des mesures que la science sait faire, que la quantité d'énergie arrivant à chaque instant du soleil est absolument insuffisante pour expliquer la reconstitution des provisions d'énergie dissipée à chaque instant, que d'autre part, si la Terre reçoit du Soleil de la lumière, de la chaleur, etc., elle rayonne de son côté, dans l'espace, des quantités d'énergie qui ne sont pas utilisées par elles-mêmes, et que cela diminue d'autant la quantité des provisions reçues à chaque instant, et qui pourraient être employées à reconstituer les provisions locales qui se dépensent sans cesse en chaque point du globe.

Mais une telle réponse a l'inconvénient d'anticiper sur les découvertes que, dans notre observation directe des faits, nous ne connaissons pas encore ; nous ne pouvons pas, pour commencer la physique, nous appuyer sur les conquêtes de la physique.

Il y a d'ailleurs une autre manière d'interpréter les faits de conservation d'énergie, et, précisément, l'étude des fournitures faites à la Terre par le Soleil nous met immédiatement sur le bon chemin. La

Terre produit, sans qu'aucune interruption défininitive se manifeste jamais dans cette production, les phénomènes les plus variés ; nous connaissons le vent, la pluie, les chutes d'eau, les forêts, les poires, les champignons, les chiens, les orages, etc., etc... Or le Soleil ne nous fournit rien de tout cela. Il nous envoie sans cesse de l'attraction gravitative, de la lumière, de la chaleur, etc.., mais il ne nous envoie jamais de chutes d'eau, de poires, de forêts. Si donc, sans user définitivement les provisions qui donnent lieu à la production de ces phénomènes, la Terre est vraiment *entretenue* par le Soleil, comme on le croit dans l'objection que je viens de faire à mon paradoxe, cela suffit à prouver que des provisions d'une nature donnée (chaleur, lumière, gravitation, etc.), *peuvent* entretenir des provisions d'énergie *d'une nature toute différente.* Et il suffit en effet d'observer un instant, pour constater que la chaleur du soleil, déterminant, par exemple, l'évaporation de l'eau, fabrique des nuages et par conséquent de la pluie, c'est-à-dire *tout autre chose* que ce que le soleil nous a fourni, La première remarque que nous soyons donc conduits à faire lorsque nous voulons considérer la Terre comme *tributaire* du Soleil, c'est qu'une provision d'énergie se dissipe souvent *en se transformant* dans une provision d'une énergie toute différente. De la chaleur fabrique de la pluie, de l'attraction fabrique du mouvement, etc...

Mais alors !!

Il n'y a aucune raison pour que nous considérions comme à part, dans le monde, les phénomènes qui

se passent quand la Terre reçoit de l'énergie du Soleil,
C'est, nous le savons, pour faciliter notre langage dans
la narration de l'histoire de l'Univers, que nous avons
appelé Terre, Lune, Soleil, etc., des parties inséparables d'un ensemble dans lequel tout se tient. Si
donc nous constatons, dans notre hypothèse de la
Terre entretenue par le Soleil, que certaines formes
d'énergie, en se dissipant en tant que provisions,
engendrent d'autres formes d'énergie qui deviennent
des provisions, à leur tour, et sont capables d'entretenir des changements futurs, revenons à l'étude
locale d'un point quelconque de notre pauvre Terre.
Nous y voyons sans cesse des énergies qui s'usent,
du moment qu'on les considère avec une *forme* donnée ; et cependant, le changement, la transformation
sont la loi évidente. A chaque instant, partout, chaque
chose change : il y a du travail produit. Ne serait-ce
donc pas, comme nous le constations tout à l'heure
pour l'énergie solaire quand nous considérions la
Terre comme tributaire du soleil, ne serait-ce pas,
dis-je, que chaque provision d'énergie, en se dépensant (transformation, travail produit) restitue une
autre provision d'une *autre* énergie, qui sera capable
à son tour de se dépenser en fournissant un *autre* travail. Alors, ce qui constituerait les changements du
monde, ce serait seulement une série de transformations dans lesquelles l'usure serait apparente,
puisque chaque provision, en disparaissant, donnerait naissance à une autre provision d'un autre ordre,
mais capable, elle aussi, de produire une nouvelle
espèce de travail qui construirait une nouvelle provi-

sion d'une autre énergie, et ainsi de suite. Et si cela est (pardonnez-moi d'aller un peu vite, le sujet porte à l'enthousiasme), si cela est, il n'est peut-être pas indispensable de faire intervenir le soleil pour expliquer la pérennité des changements terrestres ; chaque changement terrestre prépare une provision pour un autre changement ; la Terre peut donc se suffire à elle-même, et le soleil ne servirait qu'à réparer dans notre planète les pertes d'énergie résultant de la diffusion, irréparable, celle-là, de notre chaleur et de nos autres formes d'énergie diffusible à travers les espaces cosmiques !

Ce simple raisonnement conduit fatalement à la nécessité, dont tous les physiciens se sont rendu compte depuis longtemps, de raisonner sur des *systèmes complets*, sur des systèmes qui portent leur *devenir en soi*, sans rien emprunter à l'extérieur et sans rien perdre de ce qui les constitue. De pareils systèmes n'existent pas dans la nature (et c'est une des grandes erreurs de la philosophie que de considérer l'homme comme un système complet, agissant par lui-même) ; mais, néanmoins, les raisonnements faits sur les systèmes complets seront utilisables en physique quand on saura évaluer, pour chaque système, les quantités d'énergie que ce système reçoit de l'extérieur et rend à l'extérieur sous telle ou telle forme. Le problème de la mesure des provisions d'énergie devient donc un problème fondamental pour l'existence même de la physique.

Avant d'aller plus loin, étudions avec détail, et pour avoir sous les yeux un exemple familier, l'histoire de ce que l'on peut appeler le *circulus* de l'eau. Les gens familiers avec les sciences physiques trouveront que c'est là un hors-d'œuvre bien inutile. Je ne regretterai pas sa longueur, s'il fait bien comprendre le problème de la conservation de l'énergie.

Paragraphe II

Le « circulus » de l'eau

Voici un réservoir au flanc d'un coteau ; il contient une provision de mille mètres cubes d'eau retenus par une digue dans laquelle est une vanne. Si je soulève la vanne, l'eau s'écoule vers la mer sans aucun profit pour moi ; le seul travail qu'elle effectue en coulant est de creuser une rigole dans le sol en entraînant de la terre et des cailloux. Mais si, entre le réservoir et le bas du coteau, je dispose un moulin, l'écoulement du contenu du réservoir pourra, en faisant tourner la roue du moulin, produire un travail utile pour l'humanité (moudre du blé, teiller du lin, etc...) Ce travail, des hommes eussent pu l'effectuer en tournant eux-mêmes une manivelle comme celle d'un moulin à café. Ils ont évité un effort personnel en utilisant une chute d'eau ; à première vue, ils peuvent donc avoir cette idée, anthropocentrique comme toutes les idées qui se présentent naturellement à l'homme, *que le travail de mouture exécuté sans leur intervention*, s'est fait tout seul, et, ne leur ayant coûté aucun effort, *n'a rien coûté*.

Voici cependant que les mille mètres cubes se sont

écoulés ; le moulin s'arrête, faute d'eau. Si nous voulons qu'il reprenne son fonctionnement, il faudra que nous remplissions à nouveau le réservoir. Je suppose que ce réservoir soit une citerne recevant l'eau d'un toit pendant la pluie. Comment ferons-nous s'il ne pleut pas et s'il n'y a pas de source voisine ? Il faudra reprendre, au bas du coteau, l'eau qui a déjà fait marcher le moulin, et la remonter au moyen de seaux dans le réservoir, ce qui nous demandera un effort plus grand que de tourner nous-mêmes la meule. Donc, en utilisant l'eau du réservoir pour faire tourner notre moulin, nous avons dépensé une richesse naturelle qui n'était pas inépuisable. (Ce sont nos provisions d'énergie de tout à l'heure). Et c'était vraiment pour nous une richesse susceptible d'être monnayée, puisque, pour faire accomplir le même travail, il aurait fallu payer des ouvriers. En général, les réservoirs des moulins à eau sont alimentés par des cours d'eau qui peuvent les remplir une fois par jour ; ces petits cours d'eau disposés de manière à pouvoir remplir un réservoir au-dessus d'un moulin, sont donc aussi des richesses naturelles. Le moulin est simplement un appareil imaginé par l'homme pour canaliser à son profit une activité qui, livrée à elle-même, aurait produit des effets sans utilité directe pour nous. L'homme fait ce qu'il peut pour canaliser à son profit les activités naturelles (de là l'emploi général du mot travail). Mais, à part cette question d'utilité, il n'y a aucune différence essentielle entre le travail effectué par des hommes et le travail résultant des autres activités de la nature. Si vous rencontrez, au flanc d'un coteau, un réservoir isolé et plein d'eau, rien ne vous permet de savoir si la provision de travail, que présente ce réservoir plein provient de ce que des hommes y ont monté de l'eau ou de ce que la pluie s'y est accumulée. Dans les deux cas, la provision sera la même ; elle ne dépend que de la quantité d'eau contenue dans le réservoir et non de la manière dont cette eau y est venue.

Laissons donc de côté la question d'utilité pour l'homme, et ne faisons aucune distinction entre les activités naturelles ordinaires et celles dans lesquelles interviennent des individus de notre espèce. Nous voyons que, dans le monde, il se fait sans cesse du travail ; nous voyons aussi que, sous certaines formes, sous celles de réservoirs d'eau, par exemple, il y a des *provisions de travail possible*, et que CES PROVISIONS SONT ÉPUISABLES. Arrêtons-nous un instant à cette question ; elle pose pour nous, relativement à un exemple particulier et très familier, le problème que nous nous sommes posé d'une manière générale dans le chapitre précédent, sans nous préoccuper de l'utilisation par l'homme des transformations naturelles. L'appréciation de la *valeur* de ces transformations nous mettra sur la voie de la question de la mesure des énergies.

Pour faire un certain travail, nous avons dépensé une certaine provision de travail possible. Nous en tirons naturellement l'idée que, pour produire du travail, il faut dépenser une provision de travail. On ne peut pas faire du travail pour rien. D'autre part, il se fait sans cesse du travail dans le monde, et l'activité universelle ne semble pas se ralentir. Il y a là une contradiction sur laquelle nous ne saurions trop insister, quoique l'ayant déjà signalée tout à l'heure : si tout travail se fait grâce à la dépense d'une provision de travail possible, et si les provisions de travail possible sont épuisables, il faut qu'un phénomène inconnu de nous se produise, et reconstitue sans cesse les provisions de travail possible. Nous trouverons, dans la diversité des phénomènes qui se produisent au même instant dans le monde, une première explication de ce qui nous a paru tout à l'heure contradictoire. Étudions, par exemple, les divers mouvements naturels de l'eau, puisque c'est au mouvement de l'eau que nous avons emprunté notre première observation du travail utilisable.

L'eau liquide coule naturellement *en descendant*, à moins qu'elle reste immobile dans un réservoir fermé. Un habitant des bords de la Seine, à Paris, voit toujours couler l'eau du fleuve dans le même sens. Tous les fleuves du monde coulent vers la mer depuis des siècles, et cependant le niveau de la mer ne change pas et les fleuves coulent toujours.

C'est que l'eau n'existe pas qu'à l'état liquide ; elle se transforme en vapeur, et cela d'autant plus vite qu'il fait plus chaud. Or, contrairement à l'eau liquide qui descend toujours, l'eau gazeuse peut monter dans l'air et aller former des nuages d'où elle retombe ensuite sous forme de pluie, à moins que, poussée par les vents, elle aille se condenser sous forme de neige sur les sommets glacés des montagnes. L'évaporation de l'eau se produit sans cesse à la surface du globe ; elle est particulièrement intense dans les régions chaudes des mers, et aussi dans les contrées continentales que couvre une abondante végétation ; ainsi, dans le même temps, il se produit dans le monde deux mouvements d'eau, la descente de l'eau liquide vers la mer, la montée de la vapeur d'eau vers les masses et les sommets, et ces mouvements se compensent de telle manière qu'ils peuvent se poursuivre indéfiniment. Grâce à la pluie qui tombe, grâce à la neige qui fond sur les sommets, les fleuves peuvent couler sans s'arrêter jamais ; grâce aux fleuves qui coulent vers la mer, la mer ne s'appauvrit pas par évaporation. Et ainsi, malgré les changements perpétuels qui se produisent en chaque point du globe, malgré le travail incessant des eaux, partout où il y a de l'eau, le régime des eaux à la surface de la terre ne change pas sensiblement.

Voilà un résultat imprévu : nous avons constaté tout à l'heure que tout change sans cesse partout ; nous remarquons maintenant que, au moins s'il s'agit de l'eau, ce changement perpétuel a pour conséquence une remarquable immutabilité. Après un an de labeur incessant, toute l'eau du globe, se retrouvant sur ses positions initiales, pourrait dire avec Sienkewicz (1): « Je me suis agitée en *vain*. »

On a souvent comparé cette activité qui produit en fin de compte un résultat absolument nul, au mouvement d'un piéton qui, après s'être épuisé à marcher le long d'une piste circulaire, se retrouve

1. Dernières lignes du roman : *En vain*.

finalement au point de départ. Aussi l'on dit le *circulus* de l'eau ; on pourra utiliser cette figure pour bien d'autres phénomènes naturels.

Bien entendu, il s'agit ici de la distribution de l'eau *dans son ensemble*. Si nous nous intéressions à une molécule d'eau choisie entre toutes les autres, nous pourrions la trouver aujourd'hui à Paris, dans un an à Pékin, dans deux ans au Kamtchatka. Pour cette molécule d'eau considérée individuellement, le résultat de tous les mouvements qu'elle a subis n'est donc pas nul ; c'est seulement dans l'ensemble de la distribution de toute l'eau du globe que nous constatons une remarquable uniformité. Et ceci nous amène pour la première fois à nous occuper de l'échelle à laquelle nous nous plaçons pour étudier les phénomènes naturels. Il peut y avoir constance à une échelle supérieure, alors qu'il y a variabilité à une échelle inférieure. Ceci sera utilisé plus tard. Pour le moment, au point de vue du travail utilisable que l'homme peut retirer de leur chute, toutes les molécules d'eau sont interchangeables ; nous remarquons même que, au bout d'un an, toutes les provisions de travail possible résultant de la distribution de l'eau à la surface de la terre se retrouvent à fort peu près les mêmes, malgré la quantité formidable du travail qui a pu être fourni à l'homme pendant cette année, par les chutes et les écoulements d'eau.

Ainsi, par une observation locale et momentanée, nous avons d'abord vu qu'en utilisant une provision de travail possible, nous épuisons cette provision ; par l'observation prolongée du monde considéré dans sa totalité, nous avons constaté au contraire que les possibilités de travail restent les mêmes dans l'ensemble de l'Univers. Le circulus de l'eau nous a fait toucher du doigt le mécanisme compensateur qui seul peut expliquer la contradiction à laquelle nous nous sommes heurtés.

Paragraphe III

Équivalences et mesures

L'exemple du circulus de l'eau est avantageux parce qu'il est familier ; mais il est médiocre à un certain point de vue, en ce sens que, dans ce circulus de l'eau, l'intervention directe du soleil est très évidente ; cet exemple est bon, en revanche, à un autre point de vue, en ce qu'il nous montre la *valeur* des provisions d'énergie, valeur monnayable et qui aidera l'anthropocentrisme humain à comprendre les principes d'équivalence.

Sachant maintenant que des provisions d'énergie, en se dépensant, peuvent produire d'autres provisions d'une autre énergie, nous observons le monde avec plus de clairvoyance ; nous voyons en effet partout que tout travail, quel qu'il soit, détermine la possibilité ultérieure d'un autre travail, différent du premier, mais qui est comme lui un changement, et qui, à son tour, prépare la possibilité d'un autre changement, et ainsi de suite. L'histoire du monde nous apparaît ainsi comme une suite ininterrompue de changements, dont chacun en conditionne d'autres qui lui succèdent.

Cet ordre de succession est-il réglé fatalement, ou bien peut-il se présenter sous des aspects divers ? Si un changement A prépare un changement B, le changement B ne peut-il jamais préparer un changement A ? En général, les phénomènes naturels sont trop complexes pour qu'on puisse, en les observant directement, répondre à cette question. L'histoire du circulus de l'eau donne cependant une première réponse; il est vrai qu'il y entre un facteur étranger, la chaleur du soleil. Mais certaines remarques permettent de donner une réponse plus directe à cette question. La chaleur fait du mouvement, et le mouvement fait de la chaleur (1). Ceci, tout le monde le sait, et il est naturel que ce soit sous la forme des transformations chaleur-mouvement, mouvement-chaleur, que se soient produites les premières découvertes qui ont conduit à la connaissance du principe de la conservation de l'énergie.

A ce propos, une question se pose tout de suite : Y a-t-il perte ?

Nous voyons que le nombre infini des transformations dont le monde est le siège se perpétue sans que, du moins dans une première approximation, nous constations la moindre diminution dans l'activité universelle. Il est vrai que nous recevons de la cha-

---

1. Depuis le développement de l'industrie électrique, on peut dire presque sans exagération que, par l'intermédiaire de l'électricité, nous pouvons faire n'importe quoi au moyen de n'importe quoi.

leur du soleil et que nous en recevons peut-être plus que nous n'en perdons ; nous ne pouvons donc pas *a priori* dire que chaque activité, en dépensant une provision d'énergie pour en préparer une autre, n'en dépense pas plus qu'elle n'en rend. De plus, les phénomènes naturels ne sont pas simples : une chute d'eau qui fait tourner un moulin produit, en outre, la dégradation des berges, une élévation de température, etc., etc... Et, parmi les changements produits, lesquels préparent d'autres changements différents, il y en a beaucoup qui nous échappent, que nous ne remarquons pas, et dont l'importance est peut-être considérable pour la préparation de phénomènes lointains très différents des premiers.

L'observation directe du monde nous conduit donc seulement à la certitude que tout changement prépare d'autres changements, mais nous devons nous demander s'il n'y a pas, dans tout cela, une diminution progressive de la masse des changements possibles ; si, en d'autres termes, le monde que nous habitons ne s'achemine pas lentement, à travers ces aspects si multiples de mobilité incessante, vers un état de mobilité diminuée et même d'immobilité totale.

A cette question nous sommes fatalement amenés à faire deux réponses également importantes et entièrement distinctes :

1° Il faut faire des expériences, c'est-à-dire nous placer artificiellement dans des cas où aucun changement résultant d'une activité donnée ne peut nous échapper ; c'est le rôle de la physique ;

2. Il faut que nous arrivions à *évaluer* les provisions d'énergie, les capacités de changement. Et, puisque tout peut se transformer dans tout, puisque les changements possibles sont en nombre infini, il n'y aura de réponse à ce désidératum que si nous trouvons une *commune mesure* des capacités de changement. La science de l'énergie doit avoir une admirable unité, ou ne pas être. Et cela paraît au premier abord vraiment surhumain que de trouver une commune mesure à des changements aussi divers qu'un coup de vent, une chute d'eau, un écrasement de blé, ou une germination de poireau.

Aussi n'irons-nous pas aussi vite en besogne ; il faudra d'abord arriver à mesurer des valeurs dans chaque ordre d'énergie (chute d'eau, mouvement d'un projectile, courant électrique, échauffement d'une poulie, etc.). Nous verrons ensuite si une relation numérique existe entre la valeur d'une provision d'une énergie A et celle d'une autre provision d'énergie B qui a été le résultat d'un changement dépendant de la première. Il est bien certain que le problème sera plus facile à résoudre pour certaines énergies que pour d'autres ; il y aura, dans les questions d'évaluation, des cas simples et des cas compliqués ; nous ne devons pas nous attendre à ce que, dans la prodigieuse multiplicité des phénomènes naturels, il n'y en ait pas quelques-uns qui soient plus difficilement accessibles que d'autres à nos investigations *mesuristes*.

o *ₒ*

Il faut donc, d'abord, *mesurer* ; c'est d'ailleurs, à mon avis, la définition de la Science : mesurer les diverses manifestations de l'activité universelle, et, ensuite, si c'est possible, établir un lien numérique entre les quantités mesurées dans les cantons (1) si divers de cette activité ; ce lien numérique sera ce qu'on appelle le coefficient d'équivalence. Mais il faut d'abord mesurer ; c'est la première étape de la physique.

J'ai longuement insisté sur ces questions de mesure dans mon livre *les Lois naturelles*. Je veux seulement montrer ici que le problème se posera toujours, pour toutes les activités mesurables, dans des termes qui pourront être traduits les uns dans les autres ; autrement dit, qu'il y aura un langage commun de la mesure. Je prends un premier exemple, le plus familier de tous, celui d'une provision d'eau retenue dans un réservoir, duquel on peut la laisser couler à volonté pour réaliser un travail mécanique ou une production d'électricité. Dans l'état actuel de l'industrie, tout le monde sait que la valeur d'une provision d'eau dépend de deux facteurs absolument distincts et également mesurables : 1° la quantité d'eau disponible ; 2° la chute de niveau que les circonstances extérieures permettent à cette quantité d'eau attirée vers la terre par la gravitation. On peut augmenter la valeur de la pro-

---

1. Voir mon livre *les Lois naturelles*. Paris, Alcan, 1901.

vision d'énergie, aussi bien en augmentant la possibilité de chute qu'en augmentant la quantité d'eau susceptible de tomber. Et il est bien certain que ces deux facteurs : quantité et différence de niveau, sont absolument indépendants, absolument distincts l'un de l'autre ; l'un d'eux peut varier indéfiniment sans que l'autre change, et cependant tous deux ont une importance primordiale dans la mesure de la quantité disponible d'énergie.

D'autre part, si nous considérons uniquement l'eau comme matière lourde capable de travailler en tombant, si nous ignorons toutes les possibilités de l'eau envisagées en dehors de sa valeur comme matière pesante (changements d'état, évaporation, etc.), la provision d'énergie représentée par notre masse d'eau ne pourra diminuer que si une certaine quantité de cette eau s'écoule, *baisse de niveau*. Nous devinons que la perte d'énergie réalisée par suite d'un changement, dans le cas considéré, dépendra de la quantité d'eau qui aura coulé et de la hauteur dont son niveau aura baissé.

Les physiciens ont été amenés à établir, dans les autres formes d'énergie qu'ils savent étudier directement, des quantités mesurables correspondant à celles que nous venons de constater dans une provision consistant en une masse donnée d'eau suspendue à une certaine hauteur. En calorimétrie il y a la quantité de chaleur et la chute de température qui lui est permise; dans un ressort d'acier, il y aura la quantité du ressort (il y a de grands et de petits ressorts) et la tension qu'il a au moment considéré par rapport à celle à laquelle il peut être ramené dans les circonstances actuelles ; en électricité, il y a la quantité d'électricité et la différence de niveau électrique, etc., etc.

Gibbs a proposé d'appeler *extension* ce qui est comparable à la quantité de l'eau du réservoir, et *intensité* ce qui est comparable à la différence de niveau que peut réaliser cette eau quand elle s'écoule (1).

Il est bien évident qu'une quantité d'énergie ne peut être définie que par deux nombres au moins, celui qui représente son extension et celui qui représente son intensité. Et si nous nous bornons à envisager un seul phénomène comme possible, la *chute* de l'eau par exemple, laissant de côté toutes les autres possibilités de l'eau (changement d'état, actions chimiques, etc.), en d'autres termes, si nous nous bornons à l'étude d'une seule forme d'énergie, nous verrons bien qu'il n'y a qu'un moyen pour modifier la valeur d'une provision donnée d'énergie, c'est de changer *l'intensité* d'une certaine quantité de son *extension*.

Quand il s'agit d'un réservoir d'eau ouvert à l'air libre, nous savons bien, par l'observation de tous les jours, que, s'il n'intervient aucun phénomène extérieur, l'eau du réservoir, quand on ouvre le robinet, *descend* de haut en bas, sous l'influence de la pesanteur. Nous exprimons cette vérité élémentaire en

1. Nous verrons tout à l'heure le parti qui a été tiré de ces définitions dans un livre auquel nous essaierons d'intéresser le lecteur.

disant que l'eau, *abandonnée à elle-même*, a une *tendance* à descendre du niveau le plus haut au niveau le plus bas. Au lieu de tendance nous pourrions dire *tension* (les deux mots ont même origine) et cela nous montrerait le rapport qu'il y a, au point de vue énergétique, entre de l'eau retenue dans un réservoir et un ressort tendu retenu par un cran. Par comparaison avec cet exemple de la chute des corps, nous avons pris l'habitude, dans toutes les autres formes de l'énergie, de considérer comme plus *haute* l'intensité initiale de laquelle la forme donnée d'énergie a une tendance naturelle à s'écouler vers le niveau plus *bas*. On dit qu'un corps est à une température *plus élevée* qu'un autre, quand la chaleur manifeste une tendance à passer du premier au second ; on dit qu'un conducteur est à un potentiel *plus élevé* qu'un autre, quand l'électricité a une tendance à s'écouler du premier vers le second, etc. C'est là une manière de parler qui fait image ; il n'y faut voir qu'une manière de parler et ne pas considérer cela comme un théorème. Chaque énergie, mise en provision, a une tendance naturelle à faire une chose et non le contraire quand on la libère, on dit dans ce cas que son niveau *descend ;* cela tient à ce qu'on a défini le haut et le bas, pour les niveaux en question, par le sens même de l'écoulement naturel constaté. Quand il y a changement *naturel* de niveau dans une énergie donnée, on convient de dire que ce niveau baisse, et cela donne, une fois pour toutes, une précision, dans le langage, relativement au *sens* dans lequel se font les écoulements d'énergie. L'observation courante fait connaître si aisément ce sens naturel de l'écoulement des énergies que nous n'y faisons plus attention. Nous pouvons avoir des surprises, si l'on a agencé d'avance un système, dans lequel, par un jeu caché de compensations, le sens naturel d'un écoulement d'énergie est renversé. On a crié au miracle quand on a vu les premiers puits artésiens. En réalité, sous le robinet fermé d'un puits artésien, et à cause des couches d'eau lointaines d'un niveau plus élevé, ce qui est retenu, ce n'est pas de l'énergie de chute d'eau libre, mais de l'énergie ascensionnelle d'eau soumise à des pressions. Et, s'il n'y a pas un réservoir infini d'énergie ascensionnelle, on constate aisément, à mesure que l'eau s'en va sous forme de jet, que le niveau, l'intensité d'énergie ascensionnelle diminue, suivant la règle générale. Si, au lieu de chutes d'eau libre, nous n'avions jamais vu que des puits artésiens, nous aurions peut-être pris l'habitude de renverser le sens de toutes les échelles sur lesquelles nous comptons les intensités des diverses énergies ; nous aurions peut-être dit partout monter au lieu de descendre, et cela n'eût eu aucun inconvénient ; le premier principe de Carnot s'énoncerait alors : la chaleur ne peut passer naturellement que de la température la plus basse à la température la plus haute dans une machine thermique. Je le répète, cela n'est qu'une manière de parler et il ne faut pas y voir un théorème. Les mots *haut* et *bas* ne signifient rien (1).

1. Voir dans mon livre *les Influences ancestrales*, toutes les erreurs qui viennent de la croyance à la verticale absolue.

Le vrai théorème venant de l'observation ancestrale des choses naturelles est le suivant :

. Il y a un sens naturel dans lequel s'écoule naturellement une provision d'énergie donnée abandonnée à elle-même ; on dit alors que son niveau baisse. Ceci est vrai pour l'eau, pour la chaleur, pour l'électricité, pour un ressort tendu, etc.

De tout cela il résulte que, quand un phénomène se produit seul, la manifestation initiale *est, par définition, une descente d'énergie.* Or, dans toute transformation, dans tout changement qui se passe naturellement à la surface de la Terre, il y a une provision d'énergie préexistante qui disparaît. *Elle disparaît par chute de niveau* (ceci est une définition et non un théorème ; je ne saurais trop le répéter).

(Si le résultat de cette disparition est l'apparition d'une autre forme d'énergie, cette apparition se fait au contraire souvent par élévation de niveau (1). L'eau qui baisse dans un réservoir fait monter un jet d'eau.)

La première partie du principe de Carnot apparaît donc comme une vérité évidente pour toutes les formes d'énergie : quand une énergie, en se dépensant, produit une autre énergie, la première (c'est la chaleur dans le principe de Carnot) passe d'un niveau plus haut (source chaude) à un niveau plus bas (source froide)

1. Une exception à cette règle ordinaire a lieu dans les cas de changement d'état ; là c'est la quantité des corps à l'état nouveau qui augmente. Il peut y avoir augmentation d'énergie par accroissement d'extension comme par accroissement d'intensité.

Ne nous laissons pas trop entraîner par ces considérations ; il s'agissait seulement de mesurer les énergies et nous venons de voir que, pour le facteur intensité, il y a un sens naturel dans lequel, avec la convention de langage qui nous est familière, nous devons considérer le niveau initial comme plus *haut* que le niveau final. Ceci établi, il s'agit d'établir une échelle des intensités et de le faire d'une manière rationnelle. Carnot a préparé la solution de ce problème pour la chaleur au moyen du procédé analytique si séduisant que l'on appelle le cycle de Carnot et qui, utilisé convenablement, conduit à la notion de température absolue. M. L. Selme, dans un livre auquel je ferai de nombreuses allusions, dans la suite de cet ouvrage, a montré qu'il est logique d'utiliser le procédé analytique du cycle de Carnot dans tous les cas où une énergie *quelconque* (autre que la chaleur) se transforme en une autre énergie *quelconque* (autre que le travail mécanique) ; et il a tiré de ce *cycle de Carnot généralisé* une méthode générale pour l'établissement d'une échelle rationnelle des intensités, dans n'importe quelle forme d'énergie. C'est là le triomphe de ce que j'appelais, dans mon livre « *les Lois naturelles* », les sciences cantonales. On peut, dans chaque canton, *et par les propres moyens* de ce canton, en étudiant seulement la transformation d'une énergie cantonale en une autre énergie cantonale, établir une échelle rationnelle des intensités. Ceci a une très grande importance pour le physicien. Mais j'ai peur de me laisser entraîner à faire un cours d'énergétique générale. Je fuis d'ailleurs, de cette partie du livre de M. Selme, une analyse détaillée dans le chapitre V de ce volume. Je ne veux donc m'occuper ici, ni du *rendement* maximum des transformations d'énergie de canton à canton (principe de Carnot généralisé), ni d'autres questions passionnantes pour les philosophes, mais qui m'éloigneraient trop de mon sujet ; je me suis déjà trop étendu sur cette question du sens de l'écoulement naturel des énergies. Je veux arriver maintenant, tout d'un coup, au cœur de la question que je me suis proposé de traiter.

.*.

Admettons comme établi (c'est le plus grand résultat de la physique moderne), que nous sachions, dans chaque forme d'énergie, mesurer les extensions et les intensités, connaître les quantités d'énergie approvisionnées dans les divers réservoirs naturels et les pertes que subissent ces provisions au cours des divers changements, que sont les phénomènes cosmiques. Comment pourrons-nous savoir si les gains réalisés par la nature *compensent* les pertes éprouvées dans ces diverses transformations ? Est-ce qu'une carotte vaut deux poireaux ? Comment pouvons-nous établir une comparaison entre les quantités d'énergie disparues dans un canton donné et les quantités d'énergie apparues, comme conséquence de cette disparition, dans un autre canton très différent du premier ? Si nous savons mesurer, dans chaque canton, les provisions d'énergie cantonale, c'est dans une langue cantonale que nous le faisons. Et les langues cantonales ne nous apparaissent pas au premier abord comme pouvant se traduire les unes dans les autres. Comment pourrons-nous comparer une destruction de carottes à une production de poireaux ? L'exemple grossier que je prends à dessein, quoiqu'il n'ait rien de physique, nous conduit à la réponse cherchée.

Il y a un *cours*, au marché, pour les carottes et les poireaux, et celui qui a perdu des carottes valant douze sous a réparé sa perte s'il a acquis des poireaux représentant la même valeur vénale.

Existe-t-il, dans la nature, une commune mesure équivalant pour les provisions d'énergie à ce que nous appelons la valeur monnayable des denrées ? Un physicien assez hardi répondrait immédiatement qu'il y en a autant qu'on veut ; on peut, en énergétique, transformer n'importe quoi en n'importe quoi, si l'on ne tient pas compte des difficultés expérimentales. Mais il y a une forme d'énergie que les hommes ont appris à employer depuis un siècle, et qui est infiniment plus maniable que toutes les autres, c'est l'énergie électrique. On peut faire de l'électricité avec des chutes d'eau, avec de la chimie, avec de la chaleur, etc., etc., et *réciproquement*. La machine Gramme pouvant s'employer à volonté comme générateur d'électricité ou comme moteur mû par l'électricité est sûrement la merveille des merveilles ; elle est presqu'aussi admirable que l'être vivant. Dans l'état actuel de la Science, il est donc tout naturel que l'on emploie l'énergie électrique comme commune mesure de toutes les énergies ; on le fait couramment d'ailleurs, et on ira encore plus loin sans doute dans cette voie ; on arrivera à prendre dans le domaine de l'électricité les unités *fondamentales*, sans avoir besoin de les greffer sur des unités préexistantes, que l'on a conservées en tête de la physique parce qu'on a sacrifié à l'ordre historique des découvertes. La mécanique est la première en date de toutes les sciences, et, pour cette raison, l'on commence la physique par la mécanique. Il n'y a aucune raison pour qu'on ne commence pas par les phénomènes d'induction. La physique en serait sans doute simplifiée et amplifiée. La philosophie surtout serait transformée du tout au tout, s'il était possible de transformer les croyances acquises depuis longtemps et fixées dans notre hérédité par une longue suite d'influences ancestrales. Si les hommes avaient connu l'électricité il y a cinq mille ans comme ils la connaissent aujourd'hui (et ils ne font que commencer à la connaître), aucune des religions pour lesquelles nos ancêtres se sont entretués n'aurait vu le jour ; et, surtout, il n'y aurait pas eu de spiritualisme ! Or, sur un million d'hommes, il y a *au moins* 999.999 spiritualistes ! Le monde eût donc été changé (du moins le monde humain, car l'Univers ne se soucie guère de nos luttes et de nos sottises). Si les hommes avaient pénétré dans la physique par l'électricité, ils n'auraient pas pu faire d'anthropomorphisme, car nous n'avons pas d'organe électrique, nous n'avons pas non plus de sens du potentiel électrique ; les comparaisons n'auraient pas été faciles ; l'homme aurait étudié les faits sans mettre un homme à la tête de chaque fait. Le monde, dis-je, eût été changé !

L'histoire des sciences nous apprend qu'il en a été tout autrement ; l'électricité a été découverte quand toutes les philosophies et toutes les religions étaient fabriquées définitivement, et si profondément ancrées dans les mentalités des hommes, qu'on ne les en arrachera jamais. La Science a commencé par la mécanique. La mécanique a fourni à l'homme la notion humaine de force ; et dès lors, nous avons cru faire de la Science avec de la syntaxe ! Je fais remarquer que je prononce le mot force *pour la première fois* dans ce chapitre et que j'y ai passé en revue toute l'énergétique. J'ai abrégé pour ne pas fatiguer le lecteur ; je n'ai fait que signaler la possibilité d'établir par l'observation et l'expérience, surtout par le raisonnement, les fondements d'une physique générale ; mais il eût été possible de faire un exposé général de l'énergétique sans prononcer le mot force. Si l'on avait pris l'électricité comme étalon d'énergie, on ferait toute la physique sans rencontrer de forces nulle part. Mais les nécessités historiques font que nous enseignons la physique en commençant par la mécanique ; c'est donc dans la mécanique que l'on a cherché la commune mesure de l'énergétique ; le premier principe d'équivalence a été celui qui exprimait les calories en kilogrammètres ! La mécanique est en effet le canton dans lequel les *mesures* ont été le plus faciles ; on a mesuré des longueurs et des temps, donc des vitesses, on a mesuré des masses ; tout cela a été le début de la science *mesuriste*. Mais on n'a jamais mesuré de forces ; on ne sait pas ce que c'est, et néanmoins, c'est par la notion de force que le spiritualisme a semblé prendre un point d'appui sur la science. N'allons pas trop vite ; ceci est le point le plus important de notre étude. Il faut dire néanmoins, avant d'entrer dans cette série de considérations, que la notion de force a été précisément la négation de l'unité du monde actif. Aucun phénomène, nous venons de le voir, n'est isolé des autres phénomènes concomitants, et la conservation de l'énergie est la preuve la plus convaincante de cette vérité, que *tout se tient*, qu'il n'y a pas d'activité isolée puisque toute activité isolée a l'air d'user le réservoir d'énergie spécifique qui le produit, alors qu'elle remplit, en réalité, plusieurs autres réservoirs différents, d'une énergie spécifique différente, mais dont la totalité, sous ses divers aspects, équivaut à la provision d'énergie première qui a disparu. Au contraire, la notion de force, nous allons le voir, a pour effet de permettre de raconter chaque phénomène comme s'il était isolé, comme s'il avait une *cause* personnelle, individuelle, indépendante de tout ce qui se passe ailleurs. Et, quand on peut raconter un phénomène comme s'il était isolé, on n'est pas bien loin de croire qu'il est isolé. La narration devient une démonstration, et le langage animiste, qui est le langage des forces appliqué à l'homme (c'est-à-dire ramené à son point de départ), suffit à démontrer à ceux qui veulent bien le croire que l'homme agit par lui-même, et est libre de ses destinées. Mais ceci est une trop grosse question et doit être traité dans un nouveau paragraphe.

Paragraphe IV

La Notion de force et le pluralisme anthropomorphique

La partie la plus anciennement connue de la physique a été la mécanique du mouvement visible. Quand la mécanique est née, on croyait à l'existence absolue des corps, et, si l'on avait à étudier le mouvement de plusieurs corps d'un système, on trouvait plus simple de raconter séparément la trajectoire et la vitesse de chacun d'eux, ce qui supposait, ou laissait supposer, que chacun d'eux était indépendant des autres.

L'observation initiale du monde a porté d'abord sur l'homme et les animaux ; on a vu dans l'activité de ces êtres vivants, des sources, des causes de mouvement absolument évidentes, par exemple, dans l'acte de lancer un caillou ou de donner un coup de pied à une boule. D'où la question anthropomorphique initiale : qu'est-ce qui a fait cela ? Quand un homme était intervenu on disait simplement : « c'est Jacques », et le problème était résolu. Quand il n'y avait pas d'homme en jeu, on inventait l'équivalent invisible d'un homme, et c'est ce qu'on appelait **une** *cause* ou une *force*. Un mobile, faisant partie d'un système compliqué dont dépendent tous ses mouvements, suit un itinéraire bizarre, avec des variations de vitesse et de direction. Imaginons un homme invisible qui, à chaque instant, fait précisément ce qu'il faut pour que le mouvement soit ce qu'il est, ce sera une force isolée, indépendante du monde entier, et dont l'histoire explique l'histoire du mouvement en question. Chaque variation de vitesse ou de direction sera *expliquée* par une variation correspondante de l'acte de ?. force : on fera des phrases correctes, et tout sera dit. Cette narration enfantine, par les causes, les forces ou les vertus, a eu un succès prodigieux parce qu'elle avait l'air d'une explication. Et quand le mouvement même de l'homme a paru un problème à résoudre, on lui a appliqué la méthode puérile dont son observation même avait été l'initiation ; on a imaginé un homme invisible (âme, esprit) qui, à chaque instant, faisait mouvoir, comme il se meut, le corps visible. Et le tour a été joué ! Nos grands penseurs d'aujourd'hui se pâment encore devant les vieilles formules : *Mens agitat molem ; omne quod movetur ab alio movetur.*

Toutes ces explications verbales sont nécessaires, du moment que l'on croit au pluralisme des phénomènes, c'est-à-dire, à l'indépendance des faits concomitants *que la physique moderne a montré être tous étroitement liés.* Il y avait, dans le vieux langage qui est devenu le langage actuel, la négation de toutes les découvertes de la Science ! Et il a fallu que la Science énonçât ses découvertes dans un langage qui affirmait précisément le contraire même de ce qu'il y avait à raconter. Aussi les négateurs ont eu beau jeu ! Ils continueront longtemps, car les langues resteront ce qu'elles sont. Ce sera éternellement la faillite de la Science.

Cependant, quand la physique est entrée dans la phase mesuriste, il a fallu mesurer les forces. *On savait bien qu'elles existaient*, puisqu'elles étaient représentées par des mots. Et on a continué à croire à leur existence quand on a vu qu'un système de forces appliqué à un corps rigide peut être remplacé par une infinité d'autres, ce qui aurait dû faire croire que leur définition était purement conventionnelle ; on a continué à y croire quand on a vu qu'on ne pouvait les mesurer que par leurs effets, c'est-à-dire par les phénomènes mêmes pour l'explication desquels on les avait inventées. Les gens qui sont au courant de la mécanique élémentaire savent que la force qui agit à un moment donné sur un mobile se mesure par le produit de la masse de ce mobile et de son accélération au moment considéré.

$$F. = m\,\gamma$$

On aurait dû, je le répète, en conclure que la force était une fiction verbale commode : pour que cela fût possible, il aurait fallu que la mentalité des hommes fût bien différente ! Nous *savons* (!) ce que c'est que des forces, puisque nous les représentons par des mots. Nous *constatons* (!) ensuite que le résultat de l'action de ces forces est tel que chacune d'elles produit sur le mobile auquel elle est appliquée une accélération γ définie par l'équation :

$$F = m\,\gamma.$$

Et nous concluons par l'énoncé d'un principe (!!) fondamental, le principe de l'inertie :

Tout corps qui n'est soumis à aucune force conserve la même vitesse et la même direction, c'est-à-dire, a une accélération nulle.

On ne s'est pas aperçu que c'était là la définition même de la force, et que la force, fiction verbale, ne peut se mesurer que par le produit $m\gamma$. Si l'accélération est nulle, la force est nulle ; cela est évident ! J'ai longuement insisté sur cette pétition de principe dans mon livre des *Lois naturelles* (1). Mais on continuera à énoncer gravement le principe de l'Inertie, comme les médecins, issus de ceux de Molière, proclament encore les vertus dormitives ou secrétoires de corps imaginaires auxquels ils ont conféré l'existence en leur donnant un nom !

Ce qu'il y a de plus incroyable dans la notion anthropomorphique de force, notion qui, partie de la croyance à l'individualité absolue de l'homme, sert aujourd'hui à donner la démonstration péremptoire de cette individualité libre du monde ; ce qu'il y a de plus incroyable, dis-je, c'est que, dans la genèse même de cette notion de force, on a fait un mélange inconscient de considérations qui n'ont aucune commune mesure, le subjectif et l'objectif. Je renvoie le lecteur au paragraphe 2 du chapitre III de ce livre ; la narration subjective et la narration objective du même fait, appartiennent, quand elles sont possibles à la fois, à deux modes distincts, à deux méthodes

1. Paris. Alcan, 1901.

irréductibles d'observation. Mais comme, pour ce qui se passe en chacun de nous (et pour cela seulement), nous savons faire coïncider les deux narrations, comme nous sommes habitués, en faisant à la fois, pour les parties de nous-mêmes où cela est possible, l'observation objective et l'observation subjective correspondante, à établir une coïncidence étroite entre ces deux observations, nous avons abandonné de bonne heure la méthode scientifique qui consiste à séparer le subjectif de l'objectif ; nous avons entremêlé des notions irréductibles. La physique est une science objective, et nous y avons introduit, par suite de nos mauvaises habitudes acquises, la notion hybride de force, qui vient d'une confusion entre les deux méthodes d'observation dont chacun de nous peut se servir.

Pour moi, être vivant, le modèle de la force est l'intervention de mon activité personnelle dans les histoires du monde extérieur (soulever un poids, par exemple) ; cette intervention est le résultat d'une action physiologique d'ensemble, d'une opération très complexe à laquelle prennent part tous les éléments qui, au nombre de plusieurs trillions, constituent mon organisme ; si un autre que moi racontait le phénomène, il serait obligé, en langage objectif, de faire intervenir des millions et des millions de transformations affectant chacune des cellules de mon corps ; ce serait tellement compliqué que le narrateur le plus habile n'arriverait pas à donner de ce phénomène une histoire même approchée. Au contraire, pour moi, auteur de l'effort, le phénomène est très simple ; il se traduit dans mon langage subjectif par cette phrase très courte : « j'ai fait telle chose parce que je l'ai voulu. » L'admirable unité de mon mécanisme individuel fait que l'effort réalisé dans un certain but, est pour moi une chose infiniment simple, parce que, en état de santé, je totalise admirablement les états de conscience qui accompagnent un acte anatomiquement très compliqué. Je *représente* donc, pour moi auteur vivant de l'effort, la sensation d'effort par quelque chose qui n'a aucun rapport de complexité avec l'opération objective exécutée, et cela, d'autant plus aisément, que j'ignore la complexité anatomique de mon mécanisme. Je représente la force issue de moi par l'état subjectif correspondant de ceux de mes centres nerveux dans lesquels il y a sensation d'effort.

Pour moi homme, la notion de force est donc, du moment qu'il s'agit d'une force issue de moi (et c'est là le modèle de toute notion de force), quelque chose qui ne peut être simple qu'en étant raconté dans le langage subjectif. Et voilà que cette notion subjective, je l'introduis dans l'objectivité de la science, et j'en fais une explication en mécanique !

C'est là un tour de passe-passe que tous les hommes exécutent de la meilleure foi du monde, et c'est sur ce tour de passe-passe qu'est basée la philosophie de notre mécanique, qui sert d'introduction à toutes les philosophies dites scientifiques ! Nous ne pouvons pas hésiter, et les enfants n'hésitent pas quand on leur enseigne la mécanique, à considérer la notion de force comme une notion primitive, très simple et très claire. *Nous savons d'avance ce que c'est qu'une force* (!!) et quand, faute de pouvoir la mesurer directement, nous la *définissons* par le produit $m\gamma$, nous ne nous apercevons pas que nous faisons simplement une définition ; nous croyons avoir fait une découverte : *il se trouve* que ces forces, que nous connaissons si bien, se mesurent précisément par le produit de la masse et de l'accélération du mobile sur lequel elles agissent. Et nous énonçons le *principe de l'inertie* sans remarquer que c'est une définition retournée !

Le mot force aura donc désormais droit de cité dans la science, et les philosophes l'emploieront sans cesse ; ils l'emploieront d'ailleurs (et je parle des plus grands maîtres), non seulement dans le sens particulier qui correspond à $m\gamma$, mais encore dans le sens de force vive, et même de travail, d'énergie, etc. Nous *savons* ce que c'est qu'une force, et il ferait beau voir qu'un savant grincheux nous empêchât de faire, au moyen du mot force, tous ces splendides raisonnements qui sont le plus bel ornement du spiritualisme, de l'animisme, et autres vieilles philosophies chères à chacun de nous.

Employons donc le mot force, mais tâchons de le prendre dans le sens qui correspond au produit $m\gamma$ et nous allons voir que nous serons conduits logiquement, quoique partant du pluralisme contenu dans le langage des forces, à arriver tout de même au monisme universel. Nous avons défini les forces pour raconter *individuellement* l'histoire de chaque mobile faisant partie d'un ensemble de corps dont il n'est pas séparable ; et nous serons conduits tout de même, par un raisonnement serré, à retrouver la conservation de l'énergie qui est la démonstration de l'unité du monde, à laquelle nous serions naturellement parvenus, si nous étions partis de l'électricité au lieu de partir de la mécanique.

．*．

Au commencement de ce chapitre, nous avons été conduits à appeler *travail* toute transformation qui se fait dans le monde. Pour faire coïncider le langage mécanique avec le langage courant, les mathématiciens ont été amenés à définir le travail d'une force (dans le cas le plus simple d'une force agissant sans cesse en ligne droite et dans la direction même de la force initialement définie) le produit de son intensité par le chemin parcouru. Ce n'est là qu'un point de départ, et l'on a ensuite généralisé cette notion, mais il est à remarquer que, dans tous les travaux relatifs à l'énergétique, on part toujours, comme de l'exemple le plus familier sinon le plus simple, des phénomènes qui se produisent dans un système de mobiles n'ayant d'autre propriété que leur mobilité (mécanique du mouvement visible). C'est dans ce domaine que l'on a su faire les premières mesures avec le centimètre, le gramme et la seconde, et c'est ainsi que le système des unités s'appelle système. C. G. S. C'est à ce domaine que l'on a ramené, par les principes d'équivalence, les quantités d'énergie que l'on avait été amené à mesurer directement dans les autres cantons de l'activité universelle. Ainsi, toute philosophie de l'énergétique part fatalement de la considération *pluraliste* des systèmes mécaniques dans lesquels chaque *corps* d'un système est envisagé comme une *entité* indépendante des autres corps, l'histoire de chacun d'eux pouvait, en apparence, se raconter séparément ; on a bien été forcé tout de même, malgré ce point de départ verbalement pluraliste, de reconnaître l'existence des liens entre les corps du système, malgré la narration individualiste de leur histoire séparée, et l'on a appelé *équations de liaison* les relations analytiques représentant précisément l'erreur fondamentale de la narration pluraliste, qui a introduit en philosophie des erreurs si tenaces, si sûrement éternelles.

Il vient de paraître un traité d'énergétique, tiré à un très petit nombre d'exemplaires (1), et dans lequel l'auteur s'est principalement appliqué à dégager le principe de Carnot des obscurités et des erreurs qu'y avait introduites Clausius, et qui ont empêché les physiciens de comprendre jusqu'à ces derniers temps, toute la généralité et toute la simplicité du fameux travail du fils de l'organisateur de la Victoire. Je consacre le prochain paragraphe de ce livre à l'étude partielle du remarquable ouvrage de M. Selme, je veux seulement appeler ici l'attention des philosophes sur les premiers chapitres de ce beau traité.

M. Selme commence, lui aussi, par la mécanique

I. L. Selme, *Principe de Carnot contre formule empirique de Clausius. Essai sur la thermodynamique.* Chez les Editeurs Dunod et Pinat, 47 et 49, quai des Grands-Augustins.

du mouvement visible; c'est d'ailleurs le seul sacrifice qu'il fasse à l'ordre historique, et d'ailleurs, son puissant raisonnement fait bien vite craquer le cadre étroit de son point de départ. Par des considérations mathématiques sur lesquelles je ne puis m'étendre ici, l'auteur arrive à donner une démonstration *rationnelle* du principe de la conservation de l'énergie. Ce *principe*, considéré longtemps comme une conséquence des résultats expérimentaux obtenus dans les divers domaines de la physique, est donc un *théorème*, au même titre que les théorèmes de la géométrie.

Si c'est un *théorème*, et je dirai tout à l'heure ce que signifie ce mot pour un biologiste, il est bien certain qu'aucune exception n'y sera jamais trouvée, tandis que, quand il s'agit d'un *principe* d'origine expérimentale, et qui, par conséquent, découle d'un nombre limité d'expériences, on ne sait jamais si une nouvelle découverte imprévue ne viendra pas, un jour, restreindre la généralité de son énoncé.

Or, la conservation de l'énergie, théorème général, a une importance philosophique infinie. Rappelez-vous les considérations exposées au commencement de ce chapitre, relativement au nombre formidable des changements qui se produisent sans cesse dans le monde; chacun de ces changements est d'une espèce particulière, et donne naissance à un nombre plus ou moins grand de provisions d'énergie de forme nouvelle qui déterminent les changements ultérieurs. Puisque la conservation de l'énergie est une vérité générale, une vérité rationnelle, c'est donc que l'état du monde, à un moment donné, *équivaut*, au point de vue des capacités de changement, à ce qu'était l'état du monde un instant auparavant. Or, il y a *de tout* dans les changements de chaque instant ; c'est donc que tout se tient ; et l'unité des phénomènes cosmiques est ainsi démontrée d'une manière d'autant plus frappante que le point de départ de la démonstration a été le langage pluraliste de la mécanique du mouvement visible.

Qu'est-ce qu'un théorème ?

Pour un biologiste évolutionniste, l'éducation, c'est-à-dire l'expérience, au sens large du mot, s'inscrit peu à peu dans le patrimoine héréditaire des lignées. Nous avons donc, en naissant, un résumé d'expérience ancestrale auquel s'ajoute, chaque jour, l'expérience individuelle résultant de la lutte quotidienne contre le monde ambiant, lutte quotidienne dont l'être vivant sort toujours vainqueur tant qu'il ne cesse pas de vivre. Il est très difficile de savoir distinguer, dans notre trésor personnel de connaissances acquises, les résultats de l'expérience ancestrale et ceux de l'expérience individuelle. Un théorème vrai est ce que nous pouvons tirer, par déduction, de notre fonds ancestral, sans faire aucun appel à nos acquêts personnels. Y a-t-il des théorèmes vrais ? Les théorèmes de géométrie admettent tous le postulatum d'Euclide, qui paraît être encore aujourd'hui une vérité expérimentale ; il y aurait donc toujours, dans les théorèmes, un minimum d'expérience individuelle ; on leur conservera le nom de théorème tant que ce minimum d'expérience individuelle s'acquerra, pour ainsi dire, sans que nous fassions exprès, sans qu'il soit besoin pour l'acquérir de faire ce qu'on appelle une « expérience de physique. »

En d'autres termes, ce minimum indispensable sera fatalement acquis par tous les hommes, du moment qu'ils vivront. En ce sens, nous devons penser que toutes les vérités d'ordre vraiment général, celles qui sont vérifiées dans *tous* les faits avec lesquels les hommes ont été et sont encore sans cesse en contact quotidien, sont susceptibles d'être démontrées comme des théorèmes, avec le secours de l'expérience ancestrale augmenté du minimum indispensable d'expérience individuelle commun à tous. Et, par conséquent, un biologiste convaincu, comme je le suis, de la puissance du mécanisme de l'hérédité des caractères acquis doit penser *a priori* que la conservation de l'énergie est un théorème ou n'est pas une vérité générale. Je n'ai donc pas été surpris du résultat obtenu par M. Selme ; je vais même plus loin. L'auteur de ce magistral traité d'énergétique démontre ce théorème au moyen d'un appareil mathématique compliqué, parce qu'il est parti, comme tous les mathématiciens, de la mécanique pluraliste. En observant seulement, comme je l'ai fait au début de ce chapitre, la succession des *changements* du monde et leurs liaisons, je suis sûr qu'on doit arriver à établir assez aisément, comme une vérité de sens commun, le théorème général de la conservation de l'énergie. Je n'y suis pas arrivé ici, mais j'ai senti à plusieurs reprises que je touchais au but, et je suis certain que, prenant la question par le même bout, un esprit plus complet que le mien y arrivera sans difficulté.

M. Selme a aussi démontré, nous le verrons au chapitre prochain, que le principe de Carnot est, comme celui de la conservation de l'énergie, une vérité rationnelle, c'est-à-dire un théorème. Et ce théorème n'est pas vrai seulement pour la chaleur transformée en travail mécanique, mais pour toute transformation d'une énergie quelconque :

« Chaque transformation d'une énergie en une autre est soumise à un coefficient de rendement qui dépend uniquement de la chute d'intensité dans un cycle de Carnot généralisé ».

Nous avons vu précédemment comment on est amené à mesurer séparément, dans chaque forme d'énergie, l'extension et l'intensité ; nous avons compris que la nécessité de la chute d'intensité était une vérité évidente, une définition du sens de la variation. Je ne désespère pas d'arriver à montrer un jour, sans appareil mathématique, que le théorème de Carnot généralisé est, lui aussi, une vérité de sens commun. Je me contente d'avoir signalé ici l'existence de démonstrations rationnelles des deux grandes vérités qu'on appelle ordinairement les deux principes de la thermodynamique. Aucun philosophe ne peut rester indifférent à l'existence de ces démonstrations qui renouvellent les bases mêmes du raisonnement humain.

Dans cette affaire de la généralisation du théorème de Carnot à toutes les formes d'énergie, il y a en outre un autre point qui présente pour les philosophes un intérêt primordial. On a parlé d'énergies nobles et d'énergies dégradées, et l'on a tiré, du fait que la chaleur, qui se produit fatalement partout, serait une énergie dégradée, les conséquences les plus extraordinaires relativement à la fin du monde. Il n'y a pas d'énergies nobles et d'énergies dégradées ; toutes les énergies, quand elles se transforment, ont un coefficient maximum de rendement qui dépend de la chute de niveau réalisée au cours de la transformation. Toutes les énergies se dégradent donc, et néanmoins le monde n'est pas condamné pour cela !

« Le raisonnement qui consiste à dire : le monde va lentement, mais sûrement (il y a longtemps qu'il va ainsi) vers un état complet d'équilibre, n'a qu'un défaut, tout anthropomorphique, c'est de considérer le monde, abstraction faite du milieu où il est plongé. Comme ce milieu cosmique n'est pas négligeable, puisque c'est bien plutôt la masse des mondes qui serait négligeable devant lui, il est prudent d'en tenir quelque peu compte. Or, ce milieu n'est qu'une vaste et inépuisable source à température thermodynamique infiniment faible ; il a donc le pouvoir de convertir tout rayonnement, toute chaleur ou énergie mécanique, et cela avec un rendement égal à 1. Il est donc fort possible que les torrents de chaleur déversés par chaque soleil dans l'espace, qui constitueraient un gaspillage insensé, aient un résultat au point de vue restauration de l'énergie potentielle. Le rayonnement et la dissipation de toutes les énergies centrifuges régénèrent peut-être l'énergie de gravitation d'où toute chaleur est née. En tout cas, il ne faut pas prendre pour l'univers le petit monde des agitations humaines actuelles, petit monde confiné dans les bas-fonds de l'atmosphère terrestre. »

Je livre aux philosophes à esprit synthétique ces réflexions d'un profond penseur. Ils me seront sans doute reconnaissants de leur avoir fait connaître le bel ouvrage de M. Selme, ouvrage si nourri et si solide, que l'on ne peut s'en faire une idée, même approchée, par les extraits que j'en ai donnés ici et que j'en donne encore dans le chapitre suivant. Il faut lire et méditer ce livre qui détruira bien des erreurs préconçues. Et, quand on l'aura bien digéré (ce qui ne demande pas un mince travail), on sera définitivement convaincu de l'unité des phénomènes cosmiques ; on renoncera au dualisme enfantin que la notion de force, employée à tort et à travers, a si malheureusement répandu dans tous les cerveaux; on y arrivera d'ailleurs plus aisément encore si l'on veut bien envisager directement, comme j'ai essayé de le faire au début de cet article, *l'énergie capacité de transformation*, en recourant aux exemples tirés de l'électromagnétisme, au lieu de suivre l'ordre historique et de faire le formidable détour qui consiste à faire sortir *secondairement* la notion d'énergie de l'ensemble des faits où elle est le moins directement manifestée, la mécanique du mouvement visible, qui considère les corps comme des entités.

Je consacre d'ailleurs le chapitre suivant de ce livre à la solution qu'a donnée M. Selme à l'un des problèmes les plus discutés de la physique moderne, problème dont les philosophes ont tiré, jusqu'à ce jour, des conclusions contradictoires parce que la question était mal résolue. Je ne crains pas d'insister sur un ouvrage qui aura rendu aux parties les plus obscures de la physique la clarté caractéristique des autres parties de cette science claire entre toutes.

CHAPITRE V

La Généralisation du principe de Carnot

Depuis une vingtaine d'années, il a paru en France et à l'étranger un très grand nombre d'études (mémoires, articles ou volumes) sur *le principe de Carnot*, que quelques-uns appellent *principe de Carnot-Clausius*, et que certains auteurs *français* proposent même d'appeler *principe de Clausius*, en supprimant tout simplement le nom du fils de l'organisateur de la Victoire. Parmi ces publications, quelques-unes ont eu l'apparence d'un travail de pure physique; d'autres, plus nombreuses, ont revêtu un caractère philosophique, et ont eu la prétention de tirer du second principe de la thermodynamique des conclusions définitives au sujet de l'avenir des mondes, de la mort de l'Univers.

Le nombre même de ces ouvrages et surtout la diversité des interprétations qui y sont proposées devraient suffire à éveiller notre défiance. Avons-nous bien compris la valeur et même la nature du *principe* sur lequel nous nous appuyons pour snotenir, avec plus ou moins d'esprit scientifique, les systèmes de philosophie générale auxquels nous sommes inféodés par nos goûts individuels? Ce principe ne peut-il être établi que comme conclusion directe d'expériences de physique? ou bien, doit-il être considéré, à l'égal de certains théorèmes de géométrie et de mécanique, comme s'appuyant sur un minimum d'observations actuelles, et comme pouvant être démontré par la simple méthode déductive, au moyen de ce que l'expérience ancestrale a gravé héréditairement dans la structure de la machine à penser qu'est notre cerveau humain? En d'autres termes, est-ce une vérité expérimentale ou un théorème? Il peut paraître étrange que l'on se pose une telle question au sujet d'un principe dont l'étude est aujourd'hui dans les programmes de l'enseignement secondaire, et sur lequel on interroge les jeunes gens au baccalauréat. Il est vrai que l'on se borne, dans ce cas, aux applications industrielles de ce principe, applications à propos desquelles tout le monde se met facilement d'accord.

En 1824, parut à Paris, chez Bachelier, quai des Augustins, un petit ouvrage intitulé : *Réflexions sur la puissance motrice du feu et sur les machines propres à développer cette puissance*, par Sadi Carnot, ancien élève de l'École polytechnique. Ce mémoire, qui passa longtemps inaperçu, a été réimprimé en fac-simile chez Hermann, où on peut encore se le procurer. Je signale tout de suite cette réimpression parce que l'éditeur y a joint la reproduction photographique d'une page manuscrite d'un mémoire inédit de Sadi Carnot, mémoire dans lequel on constate, avec la plus grande évidence, que le jeune ingénieur avait découvert aussi le principe *de l'équivalence mécanique de la chaleur;* ce principe fut découvert à nouveau, et publié plusieurs années après la mort de Sadi Carnot, par Robert Mayer, auquel revient ainsi, fort justement d'ailleurs, la gloire de cette découverte primordiale. S'il est utile de rappeler l'existence de ce manuscrit du jeune Carnot, ce n'est pas pour diminuer le mérite de Robert Mayer, auquel revient sans conteste le droit de priorité, puisqu'il a publié, le premier, ce principe, base du théorème général de la conservation de l'énergie; mais certains physiciens ont prétendu trouver, dans le mémoire de Sadi Carnot sur les machines à feu, une erreur fondamentale qui serait la négation même du principe de l'équivalence; ils ont interprété certaines phrases de ce mémoire comme signifiant que la chaleur produit du travail sans se dépenser elle-même, et uniquement en se transportant d'un corps plus chaud à un corps plus froid. Le fait que Carnot a énoncé clairement, dans des notes manuscrites non publiées, le principe de l'équivalence mécanique de la chaleur, empêche d'attribuer la moindre importance à cette interprétation. D'ailleurs, ceux qui font ce reproche injustifié au génial physicien, mort trop jeune pour remplir tout son mérite, oublient sans doute les difficultés que devait rencontrer, dans l'expression de sa pensée, un auteur dont l'œuvre a servi, plus que toute autre, à *créer* le langage même de la science de la chaleur. A son époque, ce langage était tout à fait inconsistant ; pour exposer sa découverte fondamentale, il a dû employer des mots utilisés par les physiciens à une époque où l'on ne comprenait absolument rien aux phénomènes mêmes qu'il s'agissait de raconter. C'est là un obstacle qui se dresse sur la route de tous les novateurs : ils doivent exprimer ce qu'ils ont trouvé dans un langage qui consacre souvent des erreurs contraires à leur découverte même. Nous verrons plus loin que le reproche fait à Sadi Carnot vient peut-être d'une confusion faite par lui, une fois ou deux, entre deux mots, chaleur et calorique, qui n'avaient pas été suffisamment définis, et que même, dans la note de la page 21, il considère expressément comme équivalents.

Quoi qu'il en soit, le mémoire de Carnot contient deux propositions indiscutables : 1° Pour produire du travail avec de la chaleur, il faut avoir *deux* sources, l'une chaude et l'autre froide, *entre* lesquelles fonctionne la machine, le générateur étant plus chaud et le condenseur plus froid ; 2° quelle que soit la machine employée, son rendement ne peut dépasser un certain maximum qui dépend uniquement des températures des deux sources.

Enfin, à côté de ces deux propositions, le mémoire contient aussi un *procédé* de raisonnement analytique qui a fait fortune sous le nom de *cycle de Carnot*, et qui est particulièrement utile pour la définition rationnelle des températures.

Permettez à un biologiste une comparaison tirée de l'histoire de la Biologie : l'immortelle conception de Lamarck, publiée en 1809 dans *la Philosophie zoologique* avait passé inaperçue. La théorie de l'évolution n'a été connue du public qu'un demi-siècle plus tard, lors de l'apparition de *l'Origine des espèces* de Darwin. Nous ne savons pas si Darwin connaissait l'œuvre de Lamarck dont il ne fait pas mention dans son livre ; il en parle seulement dans sa correspondance, sans d'ailleurs paraître se douter de la valeur de son génial devancier. Quoi qu'il en soit, la théorie de l'évolution a été considérée longtemps comme fille de Darwin, et, pour la plupart de nos contemporains, le mot de *Darwinisme* et le mot *évolutionnisme* sont synonymes. Il suffit cependant d'étudier la question par la méthode des sciences physiques pour s'apercevoir que l'interprétation donnée par Darwin est enfantine et repose sur une sorte de jeu de mots, tandis que les deux principes de Lamarck resteront éternellement la base de la biologie scientifique. Et néanmoins, les Darwiniens sont, aujourd'hui encore, plus nombreux que les Lamarckiens.

Clausius n'a pas méconnu Carnot dont il a au contraire exalté la mémoire. Mais, en reprenant les principes contenus dans le modeste exposé du savant français, il leur a fait subir, dans ses combinaisons analytiques, des transformations dont est sortie une formule devenue célèbre, celle de *l'augmentation fatale de l'entropie* (1). Cette formule a eu un succès

1. Je n'insiste pas ici sur cette question de l'entropie ; je l'ai étudiée en 1910 dans un article de *la Revue scientifique* (*Une interprétation concrète de l'entropie*).

prodigieux, tous les physiciens l'ont adoptée sans discussion ; son succès a été tel qu'un physicien français a proposé de renoncer à appeler du nom de Carnot le second principe de la thermodynamique. On l'appelle aujourd'hui couramment principe de Carnot-Clausius, ou même simplement principe de Clausius, comme on a donné le nom d'Améric Vespuce à l'Amérique découverte par Christophe Colomb. Il faut cependant remarquer que Henri Poincaré a fait des réserves à ce sujet ; il a distingué une *entropie fine*, et, s'il avait été jusqu'au bout de sa pensée, il aurait peut-être ruiné la gloire de Clausius. D'autre part, tous ceux qui ont étudié avec un peu d'esprit philosophique les questions générales de thermodynamique n'ont pu méconnaître la grande obscurité qui y subsiste et qui éternise les discussions au sujet d'une notion « prodigieusement abstraite » ; cela aurait pu durer longtemps, car notre mysticisme héréditaire y trouvait son compte. Il n'est pas bon que la physique soit trop claire; ce serait bien dangereux pour les idées purement verbales qui nous seront éternellement chères parce que nos pères les ont aimées!

***

L'enseignement officiel admet donc sans discussion le dogme de l'accroissement de l'entropie ; il fait de même pour beaucoup d'autres produits « *made in germany* », et, dans le domaine de la biologie, par exemple, j'ai vraiment protesté depuis des années et des années, contre la docilité moutonnière avec laquelle les professeurs français ont avalé les monstrueuses couleuvres nées des cerveaux obscurs des Weismann et des Ehrlich; le langage de la médecine et de la physiologie en est infecté pour longtemps; or la science est une langue bien faite, et un langage absurde ne permet que des recherches stériles ; attendons l'hercule qui nettoiera ces nouvelles écuries d'Augias !

Eh bien ! alors que l'on enseigne officiellement partout le dogme de l'accroissement de l'entropie, un penseur inconnu, absorbé par des besognes industrielles fatigantes, a eu le courage de chercher, en remontant à la source, la cause de toutes les obscurités et de toutes les contradictions que l'on rencontre fatalement, quand on accepte sans contrôle l'énoncé actuel du second principe de la thermodynamique. Après de longues et laborieuses recherches il a essayé de coordonner dans un livre toutes les déductions que lui a suggérées une méthode de travail remarquablement claire et féconde. Il a adressé plusieurs exemplaires de ce livre (1), à des hommes de science qu'il croyait susceptibles de s'intéresser aux questions de physique générale. Il m'a fait l'honneur de m'en envoyer un, à cause de l'article que j'ai publié jadis sur l'entropie, et j'ai été profondément charmé par la lecture de son ouvrage;

---

1. *Principe de Carnot contre la formule empirique de Clausius; essai sur la Thermodynamique.* J'ai déjà fait allusion à ce livre à la fin du dernier chapitre (v. p. 184).

LA GÉNÉRALISATION DU PRINCIPE DE CARNOT

Je suis donc entré en relation épistolaire avec l'auteur et ce que j'ai appris de sa vie m'a confirmé dans l'idée que j'avais affaire à un esprit de tout premier ordre. C'est pour cela que j'appelle de nouveau ici l'attention de tous les penseurs sur l'œuvre considérable d'un modeste praticien d'usine qui s'est élevé, par un labeur digne de l'admiration de tous, jusqu'aux plus hautes et aux plus vastes conceptions de la Science.

Bien entendu, je n'ai pas la prétention de m'arroger la moindre autorité dans les questions de physique, mais tout homme de science, curieux des questions générales, arrive fatalement à distinguer la maîtrise, même dans les ouvrages qui ne sont pas directement de sa compétence. Cette maîtrise, nul ne peut la méconnaître dans le livre que je me permets de signaler ici (1), à l'attention de tout le public pensant. Peut-être, un physicien, ayant la compétence qui me manque, trouvera-t-il dans cet ouvrage des erreurs qui m'ont échappé ; mais, même si cela arrive, ce physicien ne pourra pas me reprocher de lui avoir conseillé la lecture d'un travail dont la belle ordonnance suffirait à elle seule à révéler le grand mérite de son auteur. Je n'exagère pas en disant que

---

1. M. L. Selme a fait ses études à l'école professionnelle de la Martinière à Lyon ; il a ensuite navigué comme mécanicien de la marine et n'a pas dépassé le grade de sergent (second maître) ; puis il est entré comme contre-maître dans l'industrie, et est aujourd'hui employé à l'usine Coignet à Givors. On se demande comment, au cours d'une carrière si fatigante, il a pu acquérir cette profonde connaissance des mathématiques et de la physique.

le professeur le plus habile, le plus familiarisé avec les meilleures méthodes d'enseignement, n'eût pas composé un ouvrage mieux équilibré, mieux adapté au but poursuivi. Le livre de M. Selme est, à mon avis, un traité complet d'énergétique générale ; sous un titre modeste, il étudie toutes les questions fondamentales de cette science, et lui donne cette belle unité qui a tant de charmes pour les esprits synthétiques. L'auteur adopte en effet, dès le début, un langage uniforme pour toutes les modalités de l'énergie, et cela lui permet d'exposer des règles générales sans spécifier la nature particulière de l'énergie à laquelle il fait allusion. L'auteur distingue avec Gibbs, dans une énergie donnée, l'*extension* (volume, entropie, quantité d'électricité, etc.), et l'*intensité* (pression, température, force électromotrice, etc.).

Je ne crois pas inutile de répéter ces définitions, quoique les ayant déjà données à la fin du chapitre précédent.

Les *extensions* sont des grandeurs additives (quantités conservatives); les *intensités* doivent être mesurées sur des échelles rationnelles ne comportant qu'un zéro-limite à l'infini ; c'est dans la construction d'une telle échelle rationnelle que l'on doit éviter les erreurs dont la science thermodynamique a souffert le plus particulièrement. M. Selme nous parlera donc d'une énergie ayant telle *extension* et telle *intensité*, au lieu de spécifier qu'il s'agit du cas particulier « volume-pression », « quantité d'électricité-force électromotrice » ou « entropie-température ».

Mais, objectera-t-on peut-être, l'auteur, qui a pour but de placer la chaleur au même rang que les autres formes de l'énergie, admet ainsi d'avance ce qu'il veut démontrer, puisqu'il parle du cas « entropie-température », comme s'il était entièrement comparable au cas (volume-pression), par exemple. Sans doute, ce n'est pas l'ordre historique des découvertes que nous présente l'exposé de M. Selme ; il nous montre au contraire le panorama de la science de l'énergie, tel que la verrait un savant l'ayant étudiée à fond, et qui, à la fin de son étude, se retournerait pour la contempler dans sa synthèse. Et, du moment que le langage proposé permet de tout raconter sans rencontrer de contradiction ni d'obscurité, c'est qu'il est bien conforme à la nature même des choses.

Tout le monde connaît le *cycle de Carnot*. Mais, si la chaleur est une énergie comme les autres, il n'y a aucune raison pour ne pas généraliser ce procédé analytique si précieux et pour ne pas l'appliquer à toutes les formes d'énergie. Il suffit de considérer les deux sortes de transformation-type qui correspondent à celles du cycle de Carnot pour la chaleur : 1° les transformations *isocycliques* (1) (à intensité constante, pour système en relation avec un milieu invariable) ; ce sont les transformations isothermes dans le cas de la chaleur ; 2° les transformations *adiabatiques* (à extension invariable, pour système

---

1. Je n'aime pas beaucoup ce mot isocyclique, bien que l'auteur y soit conduit par des considérations logiques. J'aurais préféré un mot parlant plus directement à l'imagination et rappelant l'idée d'intensité.

isolé de son ambiance par une enveloppe supposée imperméable à l'extension considérée) ; ce second mot est précisément celui de Carnot pour la chaleur. On pourra donc, pour n'importe quelle modalité d'énergie, employer, dans les raisonnements analytiques, le procédé du *cycle de Carnot généralisé*, et, de même que le cycle de Carnot a permis de définir une échelle rationnelle de température, de même le cycle de Carnot généralisé permettra de définir, d'une manière générale, une échelle rationnelle pour n'importe quelle espèce d'intensité.

On voit immédiatement une conséquence de l'emploi de ce langage général. Le *principe de Carnot* devient naturellement le *principe de Carnot généralisé*, et s'énonce, dans les mêmes termes, pour n'importe quelle forme d'énergie, donnée par son extension et son intensité. Et c'est là précisément la révolution apportée dans les idées en cours par le livre de M. Selme. Alors que les physiciens sont arrivés à considérer la chaleur comme une *énergie dégradée*, parce que le principe de Carnot impose un maximum à la possibilité de transformation de la chaleur en travail dans une machine fonctionnant entre deux températures déterminées, voilà qu'un penseur obscur et méconnu vient nous enseigner que *la même particularité* se manifeste dans toutes les énergies quelles qu'elles soient ! Que vont devenir, si cela est, toutes les élucubrations relatives à la fin du monde ? Que va devenir la prétendue physique de la qualité ?

M.-L. Selme va plus loin, ainsi que je l'ai signalé

à la fin du précédent chapitre ; son ouvrage commence par quelques études mathématiques « où il fait reposer la démonstration des deux principes fondamentaux de la thermodynamique sur la théorie générale des expressions à plusieurs variables qui sont différentielles, exactes ou non, et que traduit géométriquement la théorie des vecteurs et tourbillons. » Je laisse aux mathématiciens de profession le soin de vérifier les déductions de l'auteur ; cela leur sera facile et ne leur demandera pas un effort bien soutenu. Mais vous voyez tout de suite l'importance de cette démonstration : Le *principe de la conservation de l'énergie* et le *principe de Carnot généralisé* sont des vérités rationnelles, des THÉORÈMES comparables aux théorèmes de géométrie ! Pour moi, biologiste convaincu de la puissance de l'hérédité des caractères acquis, cela était certain *a priori*. La construction progressive de l'homme étant le résultat de sa lutte mille fois séculaire contre les agents naturels de destruction, l'expérience du monde, qu'il a acquise au cours de cette lutte (toujours victorieux puisqu'il a vécu ; vivre, c'est vaincre), s'est fatalement imprimée petit à petit dans son mécanisme héréditaire. Et, de même que les géomètres le font sciemment depuis longtemps, les physiciens doivent arriver, eux aussi, à tirer par déduction, d'un minimum d'expérience individuelle (1), et du trésor

---

1. Pour la géométrie, par exemple, ce minimum d'expérience individuelle se résume au postulatum d'Euclide. J'ai longuement exposé ces considérations, il y a douze ans, dans un livre qui aurait été infiniment meilleur, si j'avais pu

accumulé de l'expérience ancestrale, les démonstrations de toutes les vérités fondamentales de la nature accessible à l'homme. Les mathématiciens verront si la démonstration rationnelle, fournie par M. Selme, de la conservation de l'énergie et du principe de Carnot généralisé, ne donne prise à aucune objection ; je suis disqualifié à ce sujet, parce que je n'ai pas une autorité suffisante en matière de mathématiques, et surtout parce que, convaincu d'avance de la possibilité d'une telle démonstration, je puis être soupçonné d'avoir été un juge partial.

***

Si, « dépouillé de tout ce dont il a été surchargé par Clausius, le principe de Carnot a un énoncé général valable pour n'importe quelle forme d'énergie, il en résulte que la chaleur n'est pas une énergie inférieure aux autres : le coefficient de transformation en énergie quelconque, d'une autre énergie, quelle qu'elle soit, est *toujours inférieur à l'unité*. Chaque transformation d'une énergie en une autre est soumise à un coefficient de rendement qui dépend uniquement de la chute d'intensité dans un cycle de Carnot généralisé. Il n'y a pas la caste des énergies soi-disant *nobles* opposée, comme par droit de naissance, à la chaleur qui serait énergie de rebut. Toute énergie se dégrade... »

tirer parti à ce moment du beau travail de M. L. Selme (*Les Lois naturelles*, Paris, Alcan, 1904).

(Je cite textuellement l'auteur, comme je l'ai déjà fait dans les pages précédentes toutes les fois que je l'ai pu ; je craindrais de dénaturer sa pensée en changeant ses termes qui sont d'ailleurs, en général, parfaitement appropriés à ce qu'il veut dire.)

Comment se fait-il, si tout cela est vrai, que tant de physiciens notoires aient accepté, sans protestation, l'idée de la chaleur, énergie à part, énergie de valeur moindre ? Cela tient principalement à ce que les différences de température que nous réalisons d'ordinaire dans nos machines thermiques, entre la source chaude et la source froide, sont en réalité *très petites*, par rapport à celles que nous réalisons dans nos machines à chute d'eau, par exemple. Si nous avions ordinairement à notre disposition des sources chaudes de 10.000 degrés centigrades, le rendement de nos machines thermiques, avec nos condenseurs ordinaires, serait si voisin de l'unité que Carnot lui-même « ne se serait jamais douté de l'incomplète convertibilité de la chaleur en travail ». Si, au contraire, nous n'avions jamais pu disposer dans la nature que de chutes d'eau de moins d'un mètre de hauteur « les applications pour lesquelles la vitesse de sortie des turbines ne peut descendre à moins de deux mètres par seconde nous auraient depuis longtemps fait reconnaître que l'énergie potentielle de pesanteur de l'eau ne peut pas être intégralement convertie en travail industriel ».

M. Selme donne un grand nombre d'exemples qui prouvent que *toutes les énergies*, quelles qu'elles soient, ne peuvent jamais se transformer qu'avec un coefficient de rendement inférieur à l'unité. Et cependant, quoique, jamais, dans aucune opération industrielle, on n'ait obtenu un rendement égal à 1, on a l'habitude de dire que, sauf la chaleur, toutes les énergies sont susceptibles d'une utilisation *théorique* totale. Lisez l'ouvrage de M. Selme, et les exemples numériques qu'il donne en abondance vous prouveront, sans laisser place au moindre doute, que cette croyance est erronée. L'exemple de l'énergie cinétique (p. 78-79) est particulièrement probant. « Et cependant personne n'a osé soutenir que l'énergie cinétique est de l'énergie dégradée. »

« Toute énergie, quelle soit thermique, chimique, électrique ou mécanique se dégrade comme l'énonce le principe de Carnot généralisé. Il ne se passe quelque chose que lorsque nous constatons une chute de potentiel... Cependant, ce qui est perdu pour nous ne l'est pas pour la nature. Tout ce que nous laissons de côté lui retourne... il se prépare ainsi de nouvelles formes d'énergie potentielle... La chute de l'eau ravine les flancs de la montagne et met à nu, çà et là, quelques blocs de granit ; le passage des torrents enlève de plus en plus le sable autour de ces blocs ; bientôt arrive un jour où ceux-ci se trouvent érigés au-dessus du sol en masses qui menacent de choir : la dégradation a donné lieu à de l'énergie potentielle. »

Je cite ces extraits pour répondre à ceux qui ont tiré de la constatation de la dégradation de l'énergie des conclusions sur l'avenir des mondes. Relisez le passage du livre de M. Selme que j'ai reproduit

(p. 189) à la fin du chapitre précédent, et vous trouverez une réponse solide à opposer à ces rêvasseries.

* * *

Nous voilà bien loin de Clausius ! Quel a été son apport dans toute cette affaire ? Il a fait des calculs (car son travail n'est qu'analytique, et pas le moins du monde expérimental), qui l'ont conduit à cette fameuse inégalité d'où l'on conclut que l'entropie va sans cesse en croissant. M. L. Selme annonce dans son avertissement, que :

« La formule empirique de Clausius n'est qu'un trompe-l'œil, tout au plus une recette pour praticiens, qu'il paraît illogique de ranger au nombre des principes sur lesquels s'appuient les sciences exactes. »

Et plus bas, p 62 :

« Chaque fois que, dans un système il semble exister une apparition d'entropie, nous pouvons affirmer que *le système dit isolé ne l'est qu'en imagination*. Il propage de l'énergie AILLEURS. »

Et par conséquent nous ne sommes plus dans les conditions rigoureuses d'une expérience de physique où l'on tient compte de *tout*. C'est simplement une remarque d'ordre pratique que nous faisons.

Si nous ne savons pas, nous hommes, utiliser la chaleur dans la production du travail, sans qu'il se *dissipe* une partie de cette chaleur, cela prouve que nous sommes bornés dans notre pouvoir, et voilà tout ; ce qui est perdu pour nous n'est pas perdu pour la nature ; il serait peu scientifique de faire intervenir nos affaires humaines dans l'établissement des principes généraux de la physique, qui a la prétention d'être la science de la nature, M. Selme affirme, nous l'avons dit, que la formule empirique de Clausius n'est tout au plus *qu'une recette pour praticiens*, et il ajoute à cette affirmation cette phrase hardie :

« Nous croyons possible la preuve expérimentale établissant que, dans les phénomènes de conduction thermique, ce n'est pas la chaleur qui se conserve, mais l'entropie. »

Voilà qui va faire bondir les physiciens ! Rien n'est plus facile que de démontrer l'augmentation d'entropie dans un cas simple de conduction thermique ; c'est un raisonnement classique, et personne n'a encore songé que ce raisonnement cachait une erreur ! Cette erreur, M. Selme la trouve dans la manière de compter les températures.

Mais il y a mieux, et, je l'avoue, aucune partie de l'ouvrage dont je parle dans ce chapitre ne m'a aussi profondément frappé que ceci :

Mettez-vous dans la peau d'un penseur qui a pris l'habitude de raisonner, dans les mêmes termes, sur toutes les modalités de l'énergie ; il parlera simplement d'extension et d'intensités, et il croira à la généralité de ce qu'il dit. « Après avoir constaté la transformation d'énergie de pesanteur (chute d'eau) en tourbillons, ondes sonores, chaleur, etc. Nous ne disons pas : « la masse liquide augmente » ; nous nous bornons à constater une dispersion d'énergie ».

De même, pour la transformation d'énergie électrique en chaleur de Joule dans un fil conducteur, etc.

Et, quand nous voyons une conduction de chaleur se produire d'un corps chaud à un corps froid, nous dirions : l'entropie augmente ! C'est précisément l'erreur commune ; c'est cette erreur que l'auteur relève par un véritable trait de génie :

« Les énergies nobles, nous dit-on, ont une tendance naturelle à se dégrader en chaleur. Voilà une noblesse qui est vertu fragile ! Au contraire, vous considérez la chaleur comme une énergie dégradée, et vous lui accordez « le privilège *unique* de se conserver intacte en quantité, lorsqu'elle subit un amortissement » !

Quand de la chaleur va d'un corps chaud à un corps froid, il ne se passerait RIEN qu'une redistribution de chaleur ! Aucune transformation, aucune dispersion ! Alors qu'il y a toujours transformation, dispersion, quand une énergie *noble* change de niveau, cette énergie dégradée qu'est la chaleur jouirait *seule* du privilège contraire !

Il y a là une expérience à faire, et l'auteur la propose en ces termes (p. 64 *ter*) :

« Aucune expérience ne permet d'affirmer que, dans un corps thermiquement isolé, et où ne se passent que des phénomènes de conduction (par exemple deux boules d'argent reliées par une tige longue et mince, l'une étant à 500°, l'autre à 0°), le nombre de calories ne varie pas, à mesure que s'opère le nivellement de température. Cela est admis tacitement et sans preuve à la base de la calorimétrie. Les preuves existent que de l'entropie devient extension mécanique dans la tension, la vaporisation, la dissociation, la détente isotherme. Il n'y a pas de fait pour prouver que la chaleur ne devient pas latente dans la conduction où la température efficace s'abaisse. Il est logique d'admettre que, dans des échanges de chaleur par conduction, *la chaleur ne se conserve pas*, et que c'est l'entropie qui se conserve pendant les variations de température. Cela ne compromet pas du tout la calorimétrie. Lorsque la chaleur subit une redistribution, elle n'échappe pas à la loi de chute de son intensité efficace, avec transformation d'énergie, sans cela, les diverses distributions seraient des états d'équilibre indifférents ».

Voilà l'idée fondamentale de l'expérience des deux boules.

Je souhaite que cette expérience soit faite avec toute la précision désirable, car c'est sans doute une expérience très délicate. Mais quel qu'en soit le résultat, je considère que le fait de l'avoir rendue nécessaire par des raisonnements aussi solides classe un homme comme un grand penseur.

L'entropie est une quantité conservative comme les autres extensions de l'énergétique ; c'est par erreur qu'on a cru qu'elle variait, parce qu'on a mal interprété les observations.

« Cessant d'être une « notion prodigieusement abstraite », l'entropie par unité de masse d'une substance donnée, à un état et une température déterminée, est un nombre, un rapport, comme une chaleur spécifique, une chaleur de fusion ou une chaleur de vaporisation. »

* * *

Je ne signale, dans ce chapitre, que les parties du travail de M. L. Selme, dans lesquelles il s'élève contre la mauvaise interprétation donnée par Clausius du principe de Carnot. Je souhaite que les physiciens lisent, avec soin, son livre tout entier ; ils y trouveront une ample moisson de remarques toutes plus ingénieuses les unes que les autres. Je veux seulement, avant de finir, signaler les efforts faits par l'auteur pour montrer que Carnot n'a pas commis dans son mémoire la confusion qui lui a été souvent reprochée. Quoi que l'on puisse penser de son interprétation, on y verra, en tout cas, un témoignage touchant de respect filial pour le grand homme qui a fondé le thermodynamique (1).

« Ce que nous appelons rendement en travail, Carnot l'avait dénommé puissance motrice ; et, pour l'énergie thermique, il avait donné l'énoncé suivant :

« La puissance motrice de la chaleur est indépen-
« dante des agents mis en œuvre pour la réaliser,

---

1. Nous trouvons, dans l'œuvre de Descartes et dans celle de Lamarck, par exemple, des erreurs dues à l'état du langage à leur époque. Cela ne diminue pas à nos yeux la grandeur de l'œuvre de ces deux maîtres.

« elle ne dépend que de la température des corps
« entre lesquels se fait, en dernier résultat, le
« transport du calorique. »

« Pour lui, le calorique, *extension thermique*, tombait, sans se perdre, d'une intensité thermique à l'autre, de même qu'une masse d'eau, *extension gravitative*, tombe sans se perdre, dans une turbine hydraulique, d'un niveau à un autre... Carnot n'a sans doute pas plus confondu chaleur et calorique, que Mayer n'a confondu énergie et force. Chaleur est *énergie thermique;* entropie est *extension thermique...*

« Le principe de Carnot, dans toute sa généralité, est le suivant : La transformation d'une énergie quelconque en une autre est soumise à un coefficient de rendement qui est indépendant des systèmes matériels mis en œuvre pour la réaliser; ce coefficient est uniquement fixé par les niveaux d'intensité entre lesquels se fait la chute d'énergie; il est égal au rapport de la différence de ces niveaux au niveau le plus élevé, ces niveaux étant comptés sur une échelle rationnelle. Ce principe résulte de la définition même de l'échelle rationnelle. Ce n'est pas un postulat tiré de l'expérience, vérifié *a posteriori* par ses conséquences pratiques, *c'est un théorème démontré* »

Je termine sur cette phrase; s'il s'agit réellement d'un *théorème démontré*, sa généralité ne peut faire de doute pour un savant. Quant à la question de savoir si Carnot a commis ou non une confusion de mots, elle est secondaire. Il a découvert l'une des plus importantes vérités de la physique; laissons aux ergoteurs le soin de chercher des poux dans la crinière des lions !

« Carnot peut avoir laissé, dans son mémoire, des expressions malencontreuses (1), ainsi qu'il arrive à la plupart de ceux qui édifient et ne parviennent que difficilement à se débarrasser de la routine d'un langage en cours. Leurs œuvres ressemblent souvent à ces monuments qu'on inaugure avant que l'on ait eu le temps de déblayer certains matériaux, restant là comme ruines de vieilles masures qui existaient à leur emplacement. »

Si les physiciens érudits se montrent sévères pour Carnot, qu'ils usent de la même sévérité à l'égard de Clausius ! Le livre de M. Selme leur montrera dans quelle voie ils doivent pousser leur enquête, et je ne doute pas de la conclusion qui s'imposera à tous les hommes de bonne foi.

1. M. Selme les a signalées lui-même (p. 15 et 21 du *Mémoire* de Carnot).

QUATRIÈME PARTIE

POSTFACE

CHAPITRE VI

Le langage contre la Science

Dans cette troisième partie, j'ai soumis à une rude épreuve la patience du lecteur peu familiarisé avec les questions scientifiques Il était pourtant indispensable d'étayer sur quelque chose de solide les affirmations, au nom desquelles je m'étais permis, dans la première partie, de renverser comme contradictoires aux résultats les plus avérés de la science physique, les croyances et les principes qui servent de base à la morale de l'édifice social actuel !

Je ne crois pas inutile, en terminant, au risque de me répéter encore et d'alourdir un peu mon livre, de revenir à des considérations générales plus abordables en montrant de nouveau combien le langage courant est, par sa nature même, contraire à l'acceptation des vérités de la Science qui nous assigne comme fin le néant.

Je ferai cette revision sous forme d'une confession personnelle ; puisque les idées qui m'ont été imposées par ma nature sont opposées à celles de la plupart de mes congénères, je serai peut-être mieux compris en racontant comment j'ai été amené à penser comme je pense, en toute sincérité.

.*.

Il y a vingt ans que j'ai publié mon premier livre ; j'en ai écrit beaucoup depuis, trop peut-être, si j'en crois certains critiques ; mais, malgré l'abondance excessive de ma production, je n'ai pas été abandonné par le public ; on a fait attention à ce que je disais. Quelques-uns m'ont approuvé avec des réserves ; la plupart m'ont attaqué violemment ; d'autres, parmi ceux qui sont le plus près de moi dans la vie, m'ont considéré comme un maniaque inoffensif. Néanmoins, on m'a suivi jusqu'au bout, malgré le négligé indiscutable d'ouvrages écrits à la hâte, alors que bien des auteurs ayant beaucoup plus de talent et de mérite ont passé totalement inaperçus, ou n'ont éveillé qu'un intérêt passager. La notoriété que j'ai acquise par des œuvres absolument sincères, est indépendante de la valeur même de ces œuvres ; elle tient uniquement à l'attitude que mon tempérament m'a imposée, et que j'ai conservée sans effort parce que je ne pouvais pas en prendre d'autres. Voici pourquoi : je sais la toute-puissance de la Science, et je vais jusqu'au bout des raisonnements que m'impose la méthode scientifique ; d'autre part, j'ai de tout temps compris l'inanité et la stérilité des dogmes religieux ; je me suis toujours défié des explications verbales que rend si faciles à répandre un langage dans lequel sont pieusement conservées les interprétations puériles de nos ancêtres les peuples enfants. Ces deux particularités, foi dans la valeur de la science, et certitude de l'insignifiance des explications verbales fournies par les religions, se complètent et s'étaient l'une par l'autre. La seconde a précédé chez moi la première ; étant encore très jeune et n'ayant goûté aucunement à la nourriture scientifique, je n'ai jamais pu attribuer la moindre valeur aux cosmogonies des livres saints, et aux interprétations spiritualistes ; c'est que j'avais sans doute déjà une curiosité très difficile à assouvir. Quand on m'apprit que « Dieu créa le ciel et la terre » j'aurais peut-être été satisfait si l'on m'avait donné cette affirmation comme une narration historique analogue à celle de la bataille de Crécy ou à celle de la peste de Milan : mais on voulut me démontrer plus : cette narration, disait-on, contient une explication qui fait évanouir le plus grand des mystères, celui de l'existence du monde que nous habitons. Quoique très jeune quand je reçus cet enseignement, je ne fus pas convaincu. Je n'avais pas songé à voir un mystère dans l'existence du monde, puisque le monde est au contraire la seule chose que nous connaissions. Et s'il y avait là un mystère, combien plus grand encore était le mystère de ce dieu invisible qui l'avait fait! Mystère pour mystère, j'aimais mieux m'en tenir à celui de l'existence de ce que je vois exister, plutôt que de me casser la tête à imaginer l'existence d'une autre chose que l'on ne voit pas ; j'étais donc athée dès lors sans me douter de l'horreur qui s'attache à ce mot. Si Dieu est aussi incompréhensible que le monde, quel bénéfice tirons-nous de la croyance en lui ?

Plus tard, après avoir fait des études scientifiques, la formule de la genèse me parut moins intéressante encore.

Dans cette formule, il n'y a qu'un mot, la Terre, qui ait un sens. *Le ciel* représente une vieille erreur de nos premiers ancêtres, et si on veut le prendre au sens actuel, l'astronomie condamne comme ridicule cette idée de mettre à part, à côté de l'infini des mondes stellaires, notre pauvre globe de boue. Cela me fait penser à une enseigne que j'ai vue jadis et qui faisait rire tous les passants : Hôtel de l'Univers et du Portugal. Restent les deux premiers mots : *Dieu créa*. Le premier est infiniment mystérieux puisqu'on ne peut le comparer à rien de ce qu'on connait. Le second est un verbe qui n'a pas de sens en physique, où l'on démontre que rien ne se crée. On ne peut donc comparer à rien de connu, ni le Créateur, ni l'acte créateur. Or, les seules narrations qui puissent être considérées comme des explications d'un phénomène sont celles dans lesquelles on compare légitimement le phénomène étudié à d'autres phénomènes antérieurement connus et plus familiers. Le langage même n'est qu'une série de comparaisons, car on a inventé des mots pour exprimer certains actes, et on les emploie ensuite pour raconter *d'autres* actes qui, par là même, se montrent comparables aux premiers. Comment donc attacher de l'importance (à moins d'être possédé de cette « volonté de croire » qui est la chose la moins raisonnable du monde) comment, dis-je, attacher de l'importance à une narration cosmogonique dans laquelle le sujet et le verbe de la phrase ne sont comparables à rien de connu ? Voilà ce que je me suis dit, plus ou moins explicitement, à l'époque où j'apprenais le catéchisme, que je savais néanmoins par cœur, car j'avais une mémoire excellente. Et après trente-cinq ans, je trouve encore cette attitude légitime : les explications cosmogoniques des livres saints n'ont aucun sens pour celui qui se demande la valeur des mots employés pour les exprimer. Sans doute, la plupart des hommes ne sont pas de mon avis à ce sujet, car, depuis des siècles, les plus cultivés de nos congénères ont accepté sans sourciller ces calembredaines ; et ils continuent ! Il faut donc être orgueilleux comme un paon pour se dire que tout le monde se trompe, et essayer d'être logique ! Voilà ce qu'on m'a toujours dit, et je n'ai rien trouvé à répondre. L'on m'a dit aussi que j'en prenais à mon aise avec les définitions en prétendant que les explications ne sont que des comparaisons, et l'on m'a cité des autorités comme Voltaire (qui n'est pas suspect, n'est-ce pas?) motivant de cette manière si fort sa croyance en Dieu :

> L'Univers m'embarrasse, et je ne puis songer
> Que cette horloge existe et n'ait pas d'horloger

L'a-t-on assez répétée cette formule?

Ce n'est pourtant qu'une comparaison, et quelle comparaison! J'ai vu les horlogers, qui sont des hommes de chair et d'os, fabriquer des horloges avec des métaux et du bois ; de même, j'ai vu des moulins moudre du blé, etc... Mais cet acte parfaitement physique d'un horloger du monde physique qui fabrique une horloge avec des éléments empruntés au monde physique, je n'accepterai jamais de lui comparer l'acte mystique d'un être mystique qui fait le monde avec rien. Vous me refusez le droit d'attacher de l'importance à des comparaisons légitimes, et, pour me terrasser, vous recourez à d'autres comparaisons qui ne le sont point. C'est un abus intolérable du verbalisme ; mais la plupart des hommes sont sensibles à la correction grammaticale d'une phrase, et s'en contentent. « Cependant, m'ont dit les croyants, il faut bien que le monde ait commencé! » En voyez-vous la nécessité? Pour moi, je ne sais pas ce que c'est qu'un commencement ; je n'en ai jamais vu. La physique m'enseigne qu'il n'y a rien dans le monde que des transformations, des successions, des phénomènes qui continuent ; mais nos ancêtres ignorants ont cru qu'ils voyaient des choses commencer. Un nuage qui se forme dans le ciel bleu est, pour le berger, quelque chose qui commence. Pour le physicien, c'est un changement d'état d'une certaine quantité d'eau suspendue dans l'atmosphère sous forme transparente, et qui, pour des raisons physiques bien connues, devient capable de diffracter la lumière. J'ai connu jadis une lande bretonne où il n'y avait que des ajoncs et des bruyères ; elle porte aujourd'hui une maison où je passe l'été. Cette maison a donc commencé, mais elle a été faite par des hommes préexistants, au moyen de matériaux préexistants. Elle n'est, comme le nuage, qu'une transformation ; elle n'est qu'un phénomène qui continue ! Et elle tombera un jour, et les ajoncs et les bruyères reprendront sa place. Nous ne voyons pas de commencement ; il n'y en a nulle part ; le mot commencement n'a pas de sens, puisqu'on ne peut le comparer à rien. Nos ancêtres ignorants ont cru assister à des commencements, et ils se sont posé le problème du commencement du monde qu'ils ont résolu d'une manière enfantine, parce qu'ils étaient des peuples enfants. Allez-vous nous obliger à répéter, par respect, leurs formules insignifiantes ? C'est une chose bien stérile que le respect ! Nous respectons la vieillesse qui n'est pas enviable. Empêcherez-vous des enfants vigoureux de faire de la bicyclette, parce que leur grand-père, qu'il respectent, ne le peut pas ?

La cosmogonie de la Bible est le modèle de toutes les explications verbales. Vous nous dites, sans aucune raison valable, que le monde a commencé ; puis, pour expliquer ce commencement imaginaire, vous imaginez quelque chose qui préexistait à ce commencement, et qui avait le pouvoir de faire le monde avec rien ; tout cela n'a aucun sens, mais s'exprime dans une phrase correcte : Dieu créa, etc. Par un oubli étrange, vous ne vous posez pas la même question pour Dieu ; sans quoi vous auriez imaginé un Dieu antérieur, etc. Vous êtes donc satisfaits. Et votre satisfaction s'accroît lorsque vous vous apercevez que vous avez trouvé, dans votre formule cosmogonique, un modèle définitif pour *tous* les phénomènes, pour *toutes* les particularités dont l'explication physique n'est pas immédiate. Vous voyez bien que c'est le courant d'eau qui fait tourner le moulin ; mais, pour des cas plus compliqués, vous vous demandez :

Pourquoi ce phénomène a-t-il lieu ?

Et vous répondez bien tranquillement, sûrs de n'être pas démentis : Parce qu'il y a *quelque chose* qui fait que ce phénomène a lieu. Ce quelque chose est invisible, *ne peut tomber sous les sens*, comme le Dieu du catéchisme. On ne vous démontrera donc pas que ce quelque chose n'existe pas ; votre explication sera désormais comme le passe-partout qui ouvre toutes les serrures.

Qu'avez-vous besoin de la science après cela ? Vous donnez des noms à ces agents invisibles, qui font tout ce que vous trouvez difficile à expliquer ; vous les appelez, suivant les cas, l'*âme* de l'homme, la *vertu* dormitive de l'opium, la *puissance créatrice* de l'évolution, et vous êtes contents ; vous n'avez plus aucune inquiétude. Vous avez éteint toutes les curiosités en imaginant les mots *âme*, *vertu*, *force*, *puissance*, etc. Mais c'est que vous n'étiez pas vraiment curieux, puisque vous ne vous posez pas au sujet de ces agents imaginaires la question que vous vous posiez à propos des phénomènes pour l'explication desquels vous les avez inventés. Comment le monde existe-t-il ? Dieu l'a créé. Comment Dieu existe-t-il ? mystère ! Voilà le grand mot ; il y a des mystères impénétrables Tu n'iras pas plus loin ! Ce qu'il y a d'étonnant, c'est que vous avez imaginé ces mystères impénétrables pour *expliquer* (?!) des phénomènes dont la plupart ont été compris, depuis, par les physiciens, sans aucune intervention merveilleuse. Dieu a placé son arc dans les nues pour prévenir les hommes qu'il n'y aurait plus de déluge ! les plus jeunes élèves de sciences savent aujourd'hui que l'arc-en-ciel est un jeu de lumière dans lequel entrent trois facteurs : l'œil de l'observateur, le soleil et la pluie. Et cependant, on enseigne l'histoire du déluge sans rire !

Et on se moque de ceux qui croient aux explications de la physique !

La puissance du mot *mystère* est incroyable. C'est dans ce mot que réside toute la force des religions ; il condamne en effet les savants à l'impuissance : « Allez de l'avant, cherchez ! leur dit-on (et ils cherchent, et ils ont avancé terriblement depuis cent cinquante ans ! » Allez de l'avant, vous rencontrerez toujours quelque part une barrière infranchissable ; nous l'avons décrété à tout jamais en inventant des mots pour expliquer ce que nous ne comprenions pas, et que vous vous acharnez à dévoiler. Vous aurez beau faire, vous ne démontrerez jamais que ces mots ne représentent rien, puisque nous avons décidé, dès l'abord, qu'ils représentent des choses inaccessibles, qui ne se manifestent pas, *qui ne peuvent tomber sous les sens*. Vous expliquerez peut-être sans employer nos mots; vous ne démontrerez jamais que nos mots sont vains. Vous ne faites de physique qu'avec vos sens. Ce qui ne peut tomber sous les sens est *donc* à l'abri des investigations des physiciens. Et nous conserverons le mystère, malgré que vous en ayez; et, au nom du mystère, nous mettrons au ban de la société des hommes les gens les plus inoffensifs, l'homme qui aura cru bien agir, dans la sincérité de son cœur, sans se préoccuper des conventions mondaines, et la jeune fille qui aura eu un enfant sans la permission de son curé ! »

.*.

Certainement, je ne me disais pas tout cela quand j'avais dix ans; mais je le comprenais cependant assez pour trouver que les explications spiritualistes et religieuses ne sont qu'un ramassis de mots vides; ces *mystères* insondables, au moyen desquels on *explique* tout me laissaient rêveur ; et quand on commença à m'initier à la Science, je fus transporté d'admiration, sans me douter que les *mystères* dont je n'avais pas saisi toute la beauté, limitaient d'avance, pour la plupart des hommes, la puissance illimitée de la Science. Je compris cependant tout de suite qu'il y a deux méthodes, *celle qui cherche à trouver*, et *celle*

qui a inventé des mots pour empêcher de chercher. Et,
tout de suite, je renonçai définitivement à la seconde
qui ne m'avait d'ailleurs jamais retenu. Je me trou-
vai ainsi dans des conditions très spéciales et qui
ont été le principal facteur de la direction de ma
pensée. Sans me rendre compte que c'était là une des
premières règles de la recherche scientifique, j'avais
fait *table rase* de toutes les croyances antérieures
à la Science. Et cela, sans aucun effort, parce que,
même avant de soupçonner l'existence de la physique,
j'avais compris l'inanité des explications verbales
qui satisfont presque tous les hommes. La Science
fut pour moi l'outil qui permet de savoir, et, comme
j'étais extrêmement curieux, je me lançai à corps
perdu dans la Science. Mais, pas un instant je ne fus
arrêté par les explications verbales dont on avait
nourri ma jeunesse ; pas un instant je ne fus tenté de
leur attribuer quelque valeur et de m'étonner que la
Science en contredit immédiatement quelques-unes ;
jamais il me vint à l'idée que la Science devait d'abord
terrasser les vieux fantômes des religions spiritualistes, parce qu'ils s'étaient pour moi évanouis d'eux-
mêmes dans leur inconsistance. C'était là une vieille
défroque dont s'était affublée, aux périodes d'ignorance, l'humanité assoiffée d'explications, et qui devait
être rejetée sans plus ample examen, du moment que
l'on avait enfin trouvé un moyen de savoir. Ainsi je
me lançai sans arrière-pensée dans les études scientifiques, et mon jeune enthousiasme y trouva une
moisson inépuisable de merveilles. *J'étais convaincu
que tous ceux qui faisaient des sciences étaient libé-*

rés comme moi du fatras des vieilles explications!!.
Je gardai cette conviction longtemps; enfin, je
m'aperçus avec stupeur que je me trompais du tout
au tout. Soit parce qu'il sont assujettis à l'emploi du
langage courant qui contient dans sa trame toutes
les vieilles erreurs et qui permet de les exposer avec
clarté et aisance puisqu'il a été inventé pour cela;
soit parce qu'ils subissent la force de l'habitude et
éprouvent une tendresse respectueuse pour les
croyances de leurs pères; soit surtout parce qu'ils ne
veulent pas chagriner la masse formidable des ignorants qui constituent le monde cultivé (1) et qui,
ayant le courage de passer à côté de la Science sans
se donner la peine de l'étudier à fond, sont bien
obligés de recourir aux explications spiritualistes
parce que les explications scientifiques leur sont
inaccessibles; soit encore pour d'autres raisons plus
cachées et que, pauvre psychologue, je ne puis pas deviner toutes; la plupart des grands savants (2) ont voulu
laisser une porte ouverte au mysticisme et ont laissé
entendre que la Science doit renoncer à étendre ses
investigations dans le domaine des FORMULES religieuses. Je dis des formules et non des objets ou des
phénomènes, car se sont simplement des phrases que

1. C'est ce monde cultivé qui fait les réputations et donne
la gloire à laquelle bien des savants ne sont pas insensibles.
Je pourrais citer tel grand savant qui est plus loué dans le
grand public pour ses opinions spiritualistes que pour ses
immortels travaux.
2. Il y a des exceptions, comme Laplace et Berthelot;
Lamark aussi, c'est évident, mais il a eu peur que son livre
fût interdit.

les gens répètent sans essayer de les comprendre ; mais tout homme habitué à la méthode scientifique ne peut s'empêcher de s'apercevoir que ces phrases sont construites avec des mots dépourvus de sens ; il faut, pour ne pas le remarquer, regarder ces phrases à travers le prisme du respect qui n'est pas un appareil scientifique.

Quoiqu'il en soit, la plupart des savants les plus notoires ont fait, dans une mesure suffisante pour que le public s'en serve, des professions de foi déistes et spiritualistes. Je n'ai pas la prétention de lutter victorieusement contre leur autorité ; je cherche seulement à m'expliquer la raison pour laquelle tant de gens se sont occupés de mes ouvrages, et je trouve cette raison dans l'attitude particulière que j'ai prise, sans aucun effort, dans l'étude de la Science de la vie. Alors que la plupart des naturalistes philosophes ont perdu leur temps à se défendre contre des fantômes, et se sont efforcés de faire concorder les vérités nouvellement découvertes avec les vieilles erreurs aimées de tous, je suis entré dans la Biologie avec la certitude qu'il n'y avait RIEN à retenir des croyances du passé, parce que ces croyances se résument à des formules vides de sens. J'ai une confiance infinie dans la puissance de la recherche scientifique, et, *je suis sûr* qu'en dehors d'elle il n'y a que des phrases creuses qui ne signifient rien. Il est donc naturel que mes productions aient intéressé tous ceux qui, sans avoir eu le temps de se livrer à de longues recherches personnelles, avaient néanmoins compris l'inanité des interprétations construites avec des mots qui ne représentent rien. Ceux-là se sont d'autant plus intéressés à mes publications, que j'ai entrepris, avec cette certitude inébranlable de la nullité des théories spiritualistes, l'étude du domaine dans lequel le spiritualisme devait, de l'avis de tous, trouver son dernier refuge, le domaine des phénomènes vitaux. J'ai étudié la vie avec la méthode des sciences physiques, *parce qu'il n'y a pas d'autre méthode* pour celui qui veut savoir et non se leurrer de mots.

Et, naturellement, employant la méthode des sciences physiques, je n'ai pas rencontré sur mon chemin le problème (?!) de l'existence de l'âme humaine et de son immortalité, pas plus que le chimiste ne rencontre dans ses creusets, la vertu dormitive de l'opium. La mort est le phénomène le plus simple et le plus connu de tous les phénomènes naturels ; ce n'est pas une raison, parce que la peur de la mort a conduit nos ancêtres à entourer ce phénomène si simple d'une épouvantable fantasmagorie verbale, pour que l'observateur sans parti pris en méconnaisse la simplicité fondamentale et n'en fasse pas l'un des points de départ les plus solides de toutes ses études biologiques (1). La certitude de la mort totale est aussi immédiate pour l'observateur dépourvu d'idées préconçues, que l'est, pour le physicien, celle de la disparition totale de la flamme d'une bougie quand le vent l'éteint. Le bio-

1. J'ai écrit avant la guerre un petit livre destiné uniquement à mettre en évidence la certitude de la mort totale: *le Problème de la mort et la Conscience universelle* (Flammarion).

logiste n'a pas idée de démontrer l'inexistence de l'âme ; il peut seulement dire, quand il a fermé le cercle de ses études, qu'il n'a rencontré nulle part la nécessité d'employer ce mot, comme Laplace répondit à ceux qui lui reprochèrent de n'avoir pas prononcé le mot Dieu dans ses ouvrages: « Je n'ai pas eu besoin de cette hypothèse. »

Avant même d'avoir commencé mes études scientifiques, j'avais été incapable de trouver une satisfaction quelconque dans les explications verbales pour lesquelles on construisait des phrases ayant pour sujet du verbe: Dieu, l'âme, la force, la puissance ou la vertu dormitive de l'opium. Ce fut bien pis quand j'eus fait connaissance avec les jardins enchantés de la biologie; quand j'eus compris surtout les lois de l'évolution des espèces au moyen desquelles on devine si merveilleusement l'histoire de l'origine de l'homme.

L'homme est le résultat historique d'une série de transformations dont nous ignorons le détail, mais dont nous connaissons les lois. L'homme s'est fabriqué petit à petit au cours des événements qu'a traversés sa lignée, et quand, épouvanté par les merveilles que la Science ne lui avait pas encore fait comprendre, il a imaginé un Dieu pour s'expliquer le monde, il a naturellement construit ce Dieu à son image. Et ce Dieu, calqué sur *l'accident historique* qu'est l'homme, nos ancêtres lui ont donné l'éternité, l'immutabilité, etc.

Cet anthropomorphisme puéril devrait conduire tous ceux qui sont capables de raisonner à rejeter, comme indigne d'un cerveau de savant, un édifice verbal aussi ridicule ; mais cela n'arrivera jamais. Au contraire, après avoir construit un Dieu, sur le modèle de l'homme, et l'avoir seulement doué d'invisibilité et d'impondérabilité, nos pères ont trouvé cela si commode qu'ils ont ensuite imaginé, dans chaque homme, un Dieu personnel, l'âme, qui explique tout ce qu'on ne comprend pas, et qui a, elle aussi, le précieux avantage de ne pas tomber sous les sens. C'est là toute la biologie des peuples enfants ; elle a duré des siècles ; elle dure encore, et la biologie scientifique ne la déboulonnera jamais. Il est plus facile d'apprendre le catéchisme en quelques heures que de s'imposer quinze ou vingt années d'études pour savoir la physique et la biologie.

Les puérilités du catéchisme ne satisfont pas tous nos contemporains ; ceux qui ont compris que le spiritualisme est une vaine logomachie désirent quelque chose de plus solide. Et c'est sans doute pour cela que tant de gens ont suivi mes efforts avec intérêt, quelque hâtifs et caducs qu'ils fussent. Sans préjuger de la valeur des résultats obtenus, on a tenu à encourager les recherches d'un indépendant qui, par tempérament, était inaccessible aux charmes émollients des explications verbales, et qui, ne connaissant qu'une manière de découvrir la vérité, allait naturellement *jusqu'au bout* des conclusions auxquelles conduit l'application intégrale de la méthode scientifique. Je n'ai jamais douté de l'inexistence des explications spiritualistes ; *je suis sûr qu'il n'y a qu'une méthode pour chercher la vérité,* et je n'admets pas qu'on ait la prétention de limiter, au nom des formules inconsistantes du spiritualisme, le champ des recherches scientifiques. Voilà l'attitude qui m'a été imposée par ma nature ; je n'en suis pas responsable, et je ne m'en enorgueillis pas plus que je ne m'en excuse ; mais elle explique sans doute l'intérêt que l'on a pris à mes ouvrages. Je suis convaincu qu'avec des moyens plus puissants que les miens, les chercheurs de l'avenir trouveront la vérité quand ils la chercheront sans idée préconçue et sans perdre leur temps à pourfendre les fantômes des vieilles croyances dont on se sert pour épouvanter les enfants et pour entraver la marche conquérante de la Science

. * .

Je suis donc entré dans l'étude des sciences avec une curiosité que rien n'avait défloré, avec un violent désir de m'initier enfin à une méthode de recherches qui fût vraiment capable de satisfaire mon esprit. Et j'ai eu la chance de rencontrer, dès le début de mon initiation, des maîtres d'une valeur très rare. Aussi, je ne puis pas dire par quels émerveillements je passai, quelles voluptés incroyables connut mon jeune cerveau séduit pour jamais par la fécondité de la méthode scientifique. J'appris, au cours d'un très petit nombre d'années pleines d'enthousiasme, tous les résultats auxquels un labeur ininterrompu de plus d'un siècle avait conduit les savants ; l'ampleur de la moisson réalisée me fit deviner la grandeur certaine des résultats futurs, et je fus désormais un *scientiste*, pour lequel, en dépit de toutes les déclamations des ignorants, il n'existe rien de solide en dehors des constructions de la Science. Ayant été si profondément déçu par l'inanité des explications verbales, dont se repaissent ordinairement les gens cultivés, je fus particulièrement heureux de constater que la Science a une langue à elle, la langue mathématique, langue impersonnelle, dans laquelle on ne peut pas dire de bêtises, dans laquelle on ne peut introduire une formule vide de sens sans que sa vanité saute immédiatement aux yeux. Voilà plus de trente ans que je suis entré dans la voie scientifique, et mon enthousiasme n'a pas fléchi ; je n'ai jamais eu aucune déception ; je reste seulement étonné que tant de gens ignorent de parti pris la puissance de la Science, et se servent de leur ignorance pour affirmer que son domaine est limité par les vieilles formules imbéciles dont on continue à se servir pour enlever aux hommes le désir de la vérité.

La paresse est une explication ; on s'en tient à ce qui est facile, à ce que l'on sait du moment que l'on a appris à parler. On redoute l'effort qu'il faudrait faire pour s'initier à la Science ; on aime mieux, au nom des vieilles formules puériles, nier la puissance de la Science. Mais il y a autre chose : la société humaine est construite sur ces vieilles formules auxquelles une longue prescription a donné de la puissance, et que l'on respecte parce qu'elles ne signifient rien. La morale humaine, c'est-à-dire la discipline sociale, est basée (pour la forme, pas pour le fond) sur ces formules surannées. Et les hommes se conforment à la morale, ou du moins, font semblant de s'y conformer (1), pour avoir le droit d'exiger des autres qu'ils s'y conforment à leur tour, car il est bien agréable d'être entouré de gens dont on n'ait rien à redouter. Par habitude, cette morale, basée sur les vieilles croyances, s'est peu à peu introduite en nous, et nous l'aimons comme toutes les choses auxquelles nous sommes accoutumés depuis de longues générations. Les plus sociables d'entre nous l'aiment pour elle-même. D'autres s'en servent pour exploiter ceux qui l'aiment, et qui, par elle, sont désarmés et incapables de nuire. Or, il est certain que, toucher aux vieilles croyances, c'est toucher au fondement même de la morale que, par vertu ou par hypocrisie, les hommes défendent tous. Voilà pourquoi surtout l'on regarde d'un mauvais œil les investigations scientifiques dans le domaine de la vie ; voilà pourquoi l'on veut défendre le spiritualisme contre l'évidence.

Et il faut se résigner à la victoire définitive du spiritualisme qui est trop commode et trop avantageux pour être abandonné des foules.

Cependant, quelques curieux, qui auront été comme moi, par hasard, à l'abri des atteintes du

---

1. J'ai déjà essayé de montrer dans mon livre *l'Égoïsme*, l'utilité de l'hypocrisie dans la conservation des formes sociales.

vieux pathos traditionnel, se feront malgré tout un devoir de rechercher la vérité et de disséquer la morale elle-même en se demandant si elle ne contient pas des éléments dangereux. Et l'effort de cette minorité ne sera pas vain, s'il oblige la majorité à se montrer moins féroce dans l'application de certaines parties de la morale qu'une saine logique aurait dû faire abolir depuis longtemps, et au nom desquelles on fait souffrir, encore aujourd'hui, tant de malheureux. Lisez un roman quelconque et vous verrez toujours que la trame même du livre se résume à ceci : « le monde contre la vie ; le monde contre la nature ». Si les études biologiques arrivaient à obtenir la révision du Code de la conscience humaine dans ce qu'il a de plus inhumain, les études biologiques n'auraient pas été inutiles. Espérons que cette guerre les y aidera !

CHAPITRE VII

L'Art et la Vérité

J'ai essayé, dans ce livre, de montrer qu'il y a une Vérité et une seule ; on arrive à cette vérité, par la méthode scientifique d'investigation ; et, quand on est sûr d'avoir bien saisi cette méthode, on est certain aussi d'être arrivé à des résultats inattaquables.

C'est surtout contre la croyance à des vérités morales, redoutables pour les déshérités, que je me suis élevé ici, au nom de la méthode scientifique, et à ce point de vue, mon livre, si subversif qu'il paraisse à ceux qui croient au mal et à la justice, est surtout un manuel d'indulgence et de pitié.

Mais il y a un autre domaine de l'activité des hommes, dans lequel on s'efforce également d'arriver à la vérité ; c'est le domaine de la production artistique. Je me suis permis, à plusieurs reprises, dans des ouvrages antérieurs, de donner, sur les arts en général, et sur la différence des méthodes employées par les artistes et les savants, des opinions que ma vie passée ne m'autorisait pas à exprimer sous une forme aussi absolue. Il ne suffit pas, en effet, d'avoir fait un effort soutenu en vue d'arriver à la connaissance, à la compréhension des œuvres des autres ; il faut avoir soi-même travaillé dans une voie donnée pour être réellement en mesure de savoir ce que vaut cette voie, et où elle mène. Sans doute, j'ai, depuis trente ans, essayé de suivre la production artistique de mes contemporains ; j'ai passé de très longues heures dans les musées, pour me familiariser avec les chefs-d'œuvre des générations passées, et j'en sais, à ce sujet, beaucoup plus que ceux qui ne savent rien, c'est-à-dire que ceux qui pérorent dans les réunions mondaines au sujet du dernier opéra ou de la dernière exposition de peinture ; mais je n'ai pas fait moi-même l'effort producteur (je dirais créateur, si le mot créer n'était insupportable à mon cerveau de scientiste), je n'ai pas fait, dis-je, l'effort producteur qui, seul, nous met en contact avec la réalité, et qui, seul aussi, développe en chacun de nous les capacités latentes que l'hérédité y a déposées à notre naissance.

C'est une illusion très répandue que la croyance aux dons naturels qui se développent sans un travail personnel. Sans doute, les dons de chacun de nous sont différents, mais l'être le mieux doué *avorte*, malgré les splendides promesses de son enfance, s'il ne fabrique pas lui-même, avec les outils que la nature a mis à sa disposition, la merveille qu'il pouvait devenir au prix d'un labeur de chaque jour. C'est pour cela qu'il faut se défier des amateurs et de ceux qui parlent des choses auxquelles ils ne se sont pas exercés eux-mêmes ; la loi biologique d'assimilation fonctionnelle, que j'ai établie il y a plus de vingt ans et qui m'a permis de construire, à mon usage, une *Science de la Vie* dont j'ai tiré grand profit, aurait dû m'enseigner que, si par hasard, je n'étais pas naturellement trop déshérité au point de vue artistique, je ne pouvais néanmoins prétendre à une réelle solidité de jugement, dans un domaine que je n'avais pas consacré ma vie à cultiver. J'ai donc été présomptueux en comparant la Science que je connaissais pour en avoir fait tous les jours, à l'art dont j'avais seulement reçu *passivement*, des impressions, où je n'avais mis aucun effort personnel. J'ai aussi été trompé par les critiques d'art, qui sont dans le même cas que moi, c'est-à-dire que, sauf quelques très rares exceptions, ce sont des gens plus ou moins bien doués, mais n'ayant pas exécuté le travail personnel indispensable au développement des dons, et qui, néanmoins s'expriment avec une confiance et une autorité incroyables au sujet des œuvres des artistes producteurs.

Pour devenir un grand artiste, il faut développer ses dons naturels par un travail acharné ; c'est entendu ! Mais, pour développer des dons, il faut les avoir ! Une grenouille aura beau gesticuler toute sa vie, elle ne se fera pas pousser une queue : elle développera seulement les membres qu'elle possède, les outils que la nature lui a fournis, et au moyen desquels elle gesticule. C'est pour cela que, dans la foule innombrable des artistes, il y en a si peu qui arrivent à produire des chefs-d'œuvre ; il faut avoir le don ; il faut avoir du génie, et cela n'est pas fréquent dans l'espèce humaine. On apprend aisément le *métier*, on construit en musique, en peinture ou en sculpture, des ouvrages honnêtes et qui prouvent beaucoup de bonne volonté : mais ces pauvres producteurs médiocres n'arrivent pas plus à être des artistes, que la plupart des scientistes n'arrivent à devenir des Berthelot ou des Lavoisier.

J'ai eu, depuis quelques années, le bonheur de fréquenter quelques artistes nés ; je les ai vus à l'œuvre, et je crois que cette fois, je les ai compris. Je reviens donc sur les quelques affirmations présomptueuses que l'on a pu lire dans *les Influences ancestrales* et dans *Science et conscience*, pour donner une opinion plus modeste et plus autorisée sur les rapports de l'art et de la Science.

D'abord, pour m'excuser, je rappelle que j'ai surtout eu en vue l'art littéraire, le premier avec lequel je me sois familiarisé ; et, dans ce domaine, je n'ai pas beaucoup de rétractations à faire. Quoi qu'en puissent penser bien des écrivains jouissant d'une grande réputation, les pensées qu'un auteur exprime valent plus que la façon dont il les habille. Alors, le suprême de l'art consiste à exprimer des vérités au moyen des mots les mieux choisis, pour les faire pénétrer dans l'intelligence du lecteur avec le plus petit effort et la plus grande joie possibles. Bien peu de grands maîtres sont arrivés à ce résultat idéal. La plupart des poètes considérés comme grands ont exploité, pour éveiller l'admiration des foules, les croyances surannées à des entités anthropomorphiques dont la Science nous a appris la vanité. Voyez comme exemple de ce que je viens de dire, la dernière strophe de *l'Oceano nox* de Victor Hugo. Il nous est impossible de ne pas frémir, de ne pas être remués jusqu'au fond de notre conscience ancestrale par ces vers harmonieux et puissants, *qui ne contiennent que des mensonges !* Et le poète savait que c'étaient des mensonges ; mais il savait aussi que ces mensonges pénétreraient en nous et nous donneraient le grand frisson de la vérité. S'il n'avait existé dans notre littérature que des vers comme ceux de Villon sur la mort, je n'aurais jamais songé à écrire, en pensant surtout à l'art poétique, que l'art est le contraire de la Science ! Mais les vers, comme ceux de Villon sur la mort sont rares ! Pourrait-on en trouver *un* sur un million de vers publiés dans notre seule langue ? Je ne le crois pas. Et je ne me repens pas de m'être révolté contre cette exploitation du mensonge et des vieilles croyances auxquelles personne ne croit plus ! Mais j'aurais dû dire que je pensais surtout à l'art littéraire et à la désinvolture avec laquelle des poètes, considérés comme grands, ont exploité le vieux fonds des superstitions grossières que l'hérédité et l'éducation ont développées en chacun de nous, malgré les conquêtes lumineuses de la science nouvelle. Je préfère la simple formule dans laquelle Newton a exprimé la découverte de la gravitation universelle, à toute l'œuvre de beaucoup de poètes et de littérateurs. C'est d'ailleurs, de la littérature, cela aussi ; mais, de cette admirable littérature exprimant des *Vérités* sous une forme lapidaire, on ne remplirait pas de vastes bibliothèques !

Ainsi, sauf des exceptions infiniment rares, les poètes sont des exploiteurs du mensonge et de la superstition. Mais j'ai eu tort de prendre l'art littéraire comme le modèle de tous les arts, alors qu'il en est sans doute le plus imparfait puisqu'il ne vaut, en somme, que par la quantité de vérités qu'il doit exprimer (1).

Je n'ai d'ailleurs pas dit des autres arts qu'ils sont le contraire de la Science, mais seulement que l'œuvre d'art est personnelle, tandis que la découverte scientifique est communicable à tout le monde ; et, s'il n'y avait eu que des artistes médiocres, ma formule serait défendable. Des millions d'œuvres d'art encombrent les musées, les collections particulières et les répertoires des opéras des divers pays ; or, parmi ces millions d'œuvres, les unes développent chez certains hommes le sentiment du beau, à première vue ou à première audition, tandis qu'à d'autres hommes elles ne font qu'un effet nul ou même déplaisant. Si l'on pense à cette différence d'attitude de nos congénères mis en présence d'une œuvre d'art, on est naturellement amené à croire que le sentiment du beau est personnel, puisque ce qui est beau pour celui-ci n'est pas beau pour celui-là. Mais c'est là une opinion hâtive, et qui a besoin d'être revisée.

D'abord, on n'entre pas dans la profondeur d'une

1. Ou bien alors, les littérateurs sont des amuseurs destinés à nous faire passer le temps pendant lequel nous ne voulons pas penser !

œuvre d'art plus qu'on n'entre dans la splendeur de la vérité scientifique, sans un effort préalable et prolongé. La beauté de *la Vénus* de Milo n'est pas plus évidente pour le vulgaire que celle du principe de Carnot. Il faut travailler pour arriver à goûter le beau, comme pour arriver à goûter le vrai, et c'est sans doute parce que, suivant une formule célèbre, « le beau, c'est la splendeur du vrai ».

L'expérience prolongée d'une œuvre d'art est déjà un critérium dont chacun de nous peut se servir. Telle œuvre qui, au premier abord, nous a plu, nous plait de moins en moins à l'user, et finit par ne plus nous plaire du tout, par nous déplaire même tout à fait. Et ce triage entre les choses vraiment belles et celles qui ne sont que du *chiqué*, nous le faisons d'autant plus vite que nous avons acquis une habitude plus approfondie de goûter les belles choses par une observation de chaque jour. Il y a d'ailleurs, entre les hommes, des différences très grandes au point de vue du temps qu'il faut mettre pour juger les œuvres d'art ou pour acquérir du goût ; c'est de l'histoire de ces *dons* auxquels je faisais allusion tout à l'heure et sur lesquels j'aurai bientôt à revenir.

Mais il est une expérience dont nous pouvons tous profiter fort vite, si nous ne sommes pas tout à fait fermés à l'admiration de la vérité, c'est celle des générations passées. Un tri a déjà été fait, et nous savons que telle ou telle œuvre a été considérée comme belle par les hommes de goût pendant des siècles et des siècles. Ce jugement n'est pas sans appel, il faut le confesser, mais il est rare qu'il contienne des erreurs énormes. L'admiration du *Parthénon*, de *la Victoire de Samothrace* ou de *la Symphonie pastorale*, peut être considérée comme un jugement définitif, comme un jugement *humain*.

J'arrive ici au côté biologique du problème que je me suis posé. L'espèce animale se définit par un certain nombre de caractères *communs*; ces caractères existent, sous peine de mort, comme les jambes, les bras, le nez, chez tous les individus de l'espèce ; ils y sont d'ailleurs plus ou moins développés ; on voit des nains à côté de géants, et des imbéciles à côté d'hommes de génie. Mais, sous peine de mort, tous les caractères de l'espèce existent chez tous les individus de cette espèce. Le sens du beau est un des caractères de l'espèce humaine. Très développé chez quelques riches natures, il est presque nul chez d'autres, mais il y existe. Et cette sélection, que les générations passées ont effectuée dans les œuvres d'art, est en réalité, le travail de *l'espèce elle-même* ! Il y a un *beau humain*, et par conséquent, l'œuvre d'art n'est pas personnelle, mais humaine ! Combien y a-t-il de gens qui, passant chaque jour devant *la Victoire de Samothrace*, peuvent se défendre, au bout d'un temps plus ou moins long, de la regarder avec admiration. Il y en a certainement autant, sinon plus, qui sont incapables de comprendre le premier livre de géométrie, et, à ce point de vue, par conséquent, l'art ne diffère guère de la Science.

Mais, dans le domaine artistique comme dans le domaine scientifique, l'humanité présente des individualités exceptionnelles qui, par un travail opiniâtre, deviennent de *grands* savants ou de *grands* artistes. Les unes sont aussi rares que les autres ; les dons merveilleux que nous admirons chez un Phidias ou chez un Descartes sont des exceptions qui font la gloire d'une génération. Et l'artiste né, qui sent en lui l'admiration enthousiaste jointe à la certitude de ne pas se tromper, représente simplement un type d'humanité dans lequel une des qualités humaines est développée à un degré excessif ! Si celui-là suit son étoile, s'il travaille sans s'occuper des contingences, il sera sûr de faire de la beauté qui sera de la vérité pour tous les hommes capables de juger, c'est-à-dire de la vérité à l'épreuve des siècles. Du moins *saura-t-il*, à chaque instant, si ce qu'il fait est beau et vrai. Et le véritable grand artiste est le meilleur juge de son œuvre ; il SAIT ce qui est réussi et ce qui est imparfait ; aussi, peut-il se corriger lui-même et s'approcher petit à petit de la nature vraie. La principale qualité d'un grand artiste est qu'il juge ! Peut-être n'aura-t-il pas le temps d'accomplir l'œuvre qu'il jugera lui-même irréprochable :

Ars longa, vita brevis !

dit le vieil adage ; mais il suffit que, dans l'œuvre d'un homme, on trouve des morceaux de vérité, pour deviner qu'il était capable de faire des chefs-d'œuvre complets. Ces morceaux de vérité, il les reconnaît lui-même, et il déplore que tout le reste ne soit pas à l'avenant. Mais dans l'œuvre d'un médiocre il n'y a jamais de morceaux de vérité. Le hasard ne fait pas de ces tours de force. Le grand artiste est une merveille de l'histoire de l'humanité, comme le grand savant ; il l'est même peut-être, au point de vue humain, plus que le grand savant, comme je vais essayer de le montrer par des considérations purement biologiques.

La Science est vérifiable et communicable ; c'est sa définition. L'homme doué pour les Sciences *peut* donc et *doit même* tirer parti des découvertes de ses devanciers ; c'est comme cela que la Science progresse ; mais, il ne faut pas l'oublier, et c'est ce que j'ai peut-être oublié moi-même quelquefois, c'est que seul l'homme *doué* peut continuer et agrandir l'œuvre de ses prédécesseurs. On dit que la Science est l'œuvre de l'humanité ; en réalité, elle est l'œuvre de quelques hommes seulement, qui se sont succédé dans les générations passées et se sont transmis le flambeau. D'autres hommes peuvent *appliquer* servilement les découvertes des maîtres ; mais ce ne sont que des manœuvres, de même que le mouleur n'est pas un sculpteur, et que le photographe n'est pas un peintre.

Quoi qu'il en soit du petit nombre des êtres humains capables de collaborer réellement au progrès de la Science, la Science est communicable ; l'apprenti savant commence donc par faire une étude analytique minutieuse de tout ce qui a été fait avant lui, et c'est plus tard seulement qu'il arrive lui-même (quand il y arrive), à faire une œuvre de synthèse définitive.

L'artiste a une autre destinée ; la connaissance des chefs-d'œuvre exécutés avant lui éveille en lui le sentiment de sa puissance et de son génie ; mais on ne peut pas dire qu'il tire parti de ces œuvres pour exécuter les siennes ; son œuvre sort de lui comme Minerve sortit de Jupiter. Il faut bien qu'il apprenne le métier, mais il l'apprend comme tous les hommes apprennent à lire ; et même, quelquefois, il le devinerait !

Alors que la méthode que doit suivre l'apprenti savant est progressive et analytique, le jeune artiste qui se sent le feu intérieur, procède, en quelque sorte, par intuition :

Il sait qu'il est aiglon ! le vent passe ; il le suit !

Et c'est pour cela que les vrais grands artistes sont peut-être encore plus rares que les grands savants.

Permettez-moi une comparaison un peu risquée et tirée de l'histoire naturelle.

Les divers oiseaux que nous connaissons ne naissent pas au même point de leur évolution ; j'oserais dire qu'ils ne naissent pas au même âge. Le moineau dépourvu de plumes et ne pouvant tenir sur ses pattes est soumis fatalement, pour vivre, à une longue éducation ; ses parents lui donnent la becquée et lui apprennent à vivre en moineau. Au contraire, le poussin et le caneton qui sortent de l'œuf *savent* faire immédiatement tout ce qui est nécessaire à leur vie personnelle ; le poussin marche et cherche sa nourriture ; le caneton se dirige vers la mare voisine et y prend ses ébats, même s'il a été couvé par une poule. Ces oisillons naissent donc plus âgés, ou pour mieux dire, plus *évolués* que les moineaux ou les roitelets.

Dans les hasards qui président à la formation de chacun de nos congénères humains, il y a des différences analogues, non pas au point de vue de l'évolution individuelle, mais au point de vue de l'*évolution de la lignée*. Tel d'entre nous naît avec des aptitudes d'homme des cavernes, tel autre est un homme complet, qui résume en lui tout ce qu'ont acquis, par une expérience longue et douloureuse, toutes les générations passées. Ceux-là sont les grands hommes, ceux qui peuvent faire progresser l'humanité. Ce sont les plus *évolués* des individus de l'espèce ; les plus grands sont de quelques siècles en avance sur la moyenne de leurs contemporains.

Eh bien, parmi ces grands hommes, je ferai une différence entre le savant et l'artiste. Le savant est capable d'apprendre, le grand artiste *sait!* Le premier agira par la voie d'études longues et fatigantes : le second procédera par intuition comme le canard qui *sait* nager en naissant, tandis que l'hirondelle a besoin d'apprendre à voler.

C'est pour cela que le grand artiste est peut-être encore plus rare que le grand savant, quoi qu'ils soient l'un et l'autre les plus évolués des êtres humains ; mais l'artiste est l'aîné !

N'allez pas croire que, dans cette profession de foi où je rétracte des erreurs passées, je mette l'art plus haut que la Science ! Ce sont deux formes de la vérité ! Mais ce qui fait l'infériorité du savant (nécessité de la méthode analytique d'investigation en s'aidant des travaux de ses devanciers) fait en même temps la *supériorité de la Science*, en lui assurant des progrès plus faciles, par la faculté qu'ont ses fidèles de tirer parti de l'expérience de leurs devanciers.

Je dirai encore autre chose :

L'art est humain ; l'homme d'art est le plus bel échantillon d'humanité, puisqu'il contient en lui tout ce qu'ont acquis ses devanciers, puisque son génie est l'héritage, le patrimoine *complet* de sa lignée.

L'homme de science a besoin de travailler longtemps et n'arrive que tardivement à procéder par intuition. Mais la Science *n'est pas humaine ;* elle est absolue. Tout être capable de connaître, ferait, je l'ai montré ailleurs, la même science que nous ! L'expression seule différerait Par la Science l'homme a pu sortir de sa nature d'homme et connaître, quoi qu'en disent les philosophes, des vérités qui n'ont rien de relatif. C'est là une affirmation qui devait être répétée à la fin d'un livre intitulé : *Savoir!*

FIN

TABLE DES MATIÈRES

	Pages
Dédicace	1
Préface	5

PREMIÈRE PARTIE

Chapitre premier. — Savoir !	15
Chapitre II. — Quelques digressions nécessaires	36
Première digression. — La Guerre et la faillite de la morale	39
Deuxième digression. — La Morale sexuelle	63
Autre digression. — Les Neutres, les civils et la population	83

DEUXIEME PARTIE

Chapitre III. — Conciliation entre les deux méthodes de connaissance	97
Paragraphe 1. — L'Objectif	100
Paragraphe 2. — Le Subjectif	101
Paragraphe 3. — Les Subjectivités dans le monde objectif	119

TROISIEME PARTIE

LES VÉRITÉS PHYSIQUES

	Pages
Chapitre IV. — Rien ne se perd, rien ne se crée......	135
Paragraphe 1. — Le Corps et le mouvement perpétuel..	137
Paragraphe 2. — Le Circulus de l'eau..............	154
Paragraphe 3. — Équivalences et mesures..........	160
Paragraphe 4. — La Notion de force et le pluralisme anthropomorphique.....	176
Chapitre V. — La Généralisation du principe de Carnot.	192

QUATRIEME PARTIE

POSTFACE

Chapitre VI. — Le Langage contre la Science...........	218
Chapitre VII. — L'Art et la Vérité.....................	236

52-2-18 — Paris. — Imp. Hemmerlé et Cⁱᵉ

Bibliothèque de Philosophie scientifique (suite)

2° PSYCHOLOGIE ET PHILOSOPHIE

AVENEL (Vicomte Georges d'). Le Nivellement des Jouissances.

BALDENSPERGER (F.), chargé de cours à la Sorbonne. La Littérature.

BERGSON, POINCARÉ, Ch. GIDE, Etc., Le Matérialisme actuel (7e mille).

BINET (A.), directeur de Laboratoire à la Sorbonne. L'Ame et le Corps (9e mille).

BINET (A.). Les Idées modernes sur les enfants (14e mille).

BOHN (Dr G.). La Naissance de l'Intelligence (40 figures) (6e mille).

BOUTROUX (E.), de l'Institut. Science et Religion (18e mille).

COLSON (C.), de l'Institut. Organisme économique et Désordre social.

CRUET (J.), avocat à la c. d'appel. La Vie du Droit et l'impuissance des Lois (5e m.).

DAUZAT (Albert), docteur ès lettres. La Philosophie du Langage (4e mille).

DROMARD (Dr G.). Le Rêve et l'Action.

DUGAS (L.), agrégé de Philosophie. La Mémoire et l'Oubli.

DWELSHAUVERS (Georges), professeur à l'Université de Bruxelles. L'Inconscient.

GUIGNEBERT (C.), chargé de cours à la Sorbonne. L'Evolution des Dogmes (6e m.).

HACHET-SOUPLET (P.), directeur de l'Institut de Psychologie. La Genèse des Instincts.

HANOTAUX (Gabriel), de l'Académie française. La Démocratie et le Travail.

JAMES (William), de l'Institut. Philosophie de l'Expérience (9e mille).

JAMES (William). Le Pragmatisme (7e m.).

JAMES (William). La Volonté de Croire (4e m.)

JANET (Dr Pierre), de l'Institut, professeur au Collège de France. Les Névroses (8e m.).

LE BON (Dr Gustave). Psychologie de l'Education (22e mille).

LE BON (Dr Gustave). La Psychologie politique (14e mille).

LE BON (Dr Gustave). Les Opinions et les Croyances (12e mille).

LE BON (Dr Gustave). La Vie des Vérités (9e mille).

LE BON (Dr Gustave). Enseignements Psychologiques de la Guerre (27e mille).

LE BON (Dr Gustave). Premières Conséquences de la Guerre (20e mille)

LE BON (Dr Gustave). Hier et Demain. Pensées brèves (10e mille).

LE DANTEC. Savoir! (9e mille).

LE DANTEC. L'Athéisme (15e mille).

LE DANTEC. Science et Conscience (8e m.)

LE DANTEC. L'Egoïsme (9e mille).

LE DANTEC. La Science de la Vie (6e m.).

LEGRAND (Dr M.-A.). La Longévité.

LOMBROSO. Hypnotisme et Spiritisme (8e mille).

MACH. La Connaissance et l'Erreur (5e m.)

MAXWELL. Le Crime et la Société (5e m.)

PICARD (Edmond). Le Droit pur (6e mille)

PIERON (H.), Mtre de Conf. à l'Ecole des Htes-Etudes. L'Evolution de la Mémoire (5e mil.)

REY (Abel), professeur agrégé de Philosophie. La Philosophie moderne (10e mille).

VASCHIDE (Dr). Le Sommeil et les Rêves (5e mille).

VILLEY (Pierre), professeur agrégé de l'Université. Le Monde des Aveugles.

www.ingramcontent.com/pod-product-compliance
Lightning Source LLC
Chambersburg PA
CBHW070631170426
43200CB00010B/1982